DENKEN UND *RECHNEN*

3

Erarbeitet von:
Gudrun Buschmeier
Henner Eidt
Julia Hacker
Roswitha Lammel
Maria Wichmann

Illustriert von:
Friederike Großekettler
Christine Kleicke
Elisabeth Lottermoser
Martina Theisen

westermann

Der Stoffverteilungsplan im Lehrermaterial kennzeichnet die unverzichtbaren und die zusätzlichen Seiten.

Der Stoffverteilungsplan im Lehrermaterial kennzeichnet die unverzichtbaren und die zusätzlichen Seiten.

1 a) Wie viele Würfel wurden für jede Pyramide gebraucht?

3. Pyramide

2. Pyramide

1. Pyramide

$1 + 9$ $1 + 9 +$ ___ $1 +$ _____

 b) Wie viele Würfel werden für die 4. Pyramide gebraucht?

2 a) Wie viele Kugeln wurden für diese Pyramiden gebraucht?

A   B   C   D

$1 + 4$ $1 + 4 +$ ___ $1 +$ _____ $1 +$ _____

 b) Wie viele Kugeln werden für die 5. Pyramide gebraucht?

3

a)
$$7 + 2$$
$$17 + 12$$
$$27 + 22$$
$$37 + 32$$
$$\_\_ + \_\_$$

b)
$$76 - 4$$
$$76 - 14$$
$$76 - 24$$
$$76 - \_\_$$
$$\_\_ - \_\_$$

c)
$$6 + 23$$
$$16 + 23$$
$$26 + 23$$
$$36 + \_\_$$
$$\_\_ + \_\_$$

d)
$$85 - 11$$
$$83 - 11$$
$$81 - 11$$
$$79 - \_\_$$
$$\_\_ - \_\_$$

e) Welches Päckchen beschreibt Josefine?

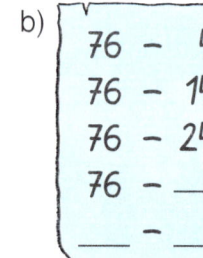

„Die erste Zahl wird immer um 2 kleiner.
Die zweite Zahl bleibt gleich.
Deshalb wird das Ergebnis immer um 2 kleiner."

f) Welches Päckchen beschreibt Hassan?

„Die erste und die zweite Zahl werden
jeweils um 10 größer.
Deshalb wird das Ergebnis immer um 20 größer."

 g) Sucht andere Päckchen aus. Beschreibt sie euch gegenseitig.

1  56 + 29

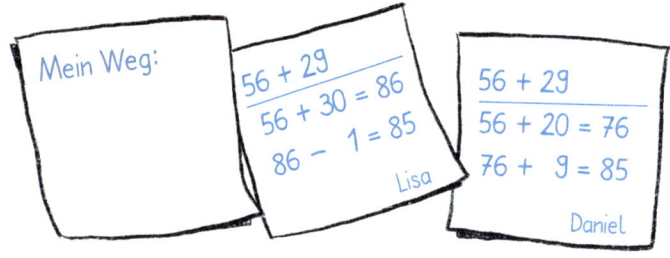

Mein Weg:

56 + 29
56 + 30 = 86
86 − 1 = 85
Lisa

56 + 29
56 + 20 = 76
76 + 9 = 85
Daniel

2 Rechne auf deinem Weg.

a) 27 + 19　　b) 46 + 25　　c) 37 + 48　　🐝 d) 59 + 23　　🐝 e) 74 + 18

3

a) 15 + 15	b) 25 + 25	c) 18 + 18	🐝 d) 5 + 6	🐝 e) 8 + 9
15 + 16	25 + 26	18 + 19	25 + 16	48 + 39
15 + 14	26 + 26	18 + 17	26 + 15	49 + 38
35 + 35	45 + 45	16 + 16	7 + 8	6 + 7
35 + 36	45 + 46	16 + 17	37 + 28	56 + 27
35 + 34	46 + 46	16 + 14	38 + 27	57 + 26

11　13　15　17　29　30　30　31　32　33　35　36　37　40　41　41　50　51　52　65　65　69　70　71　83　83　87　87　90　91　92

Eine Kontrollzahl bleibt übrig.

4

a)
```
 7 +  8
17 + 18
27 + 28
37 + 38
___ + ___
```

b)
```
16 +  7
16 + 27
16 + 47
16 + 67
___ + ___
```

c)
```
 9 + 18
19 + 18
29 + 18
39 + 18
___ + ___
```

d)
```
25 + 28
23 + 30
21 + 32
19 + 34
___ + ___
```

e) Welches Päckchen beschreibt Josefine?

 „Die erste Zahl wird immer um 10 größer.
Die zweite Zahl bleibt gleich.
Deshalb wird das Ergebnis immer um 10 größer."

 f) Sucht andere Päckchen aus und beschreibt sie euch gegenseitig.

5  a)
```
16 + 15
___ + ___
___ + ___
___ + ___
___ + ___
```

Tim beschreibt sein Päckchen so:

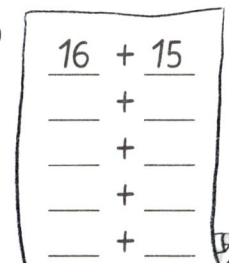 „Die erste Zahl bleibt gleich.
Die zweite Zahl wird immer um 5 größer.
Deshalb wird das Ergebnis immer um 5 größer."

Setze Tims Päckchen fort. Rechne.

 b) Erfindet eigene Päckchen. Beschreibt sie euch gegenseitig.

1 Rechenwege besprechen.

1

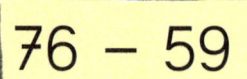

Rechen-konferenz

Mein Weg:

76 – 59
76 – 9 = 67
67 – 50 = 17
Tim

76 – 59
76 – 60 = 16
16 + 1 = 17
Malin

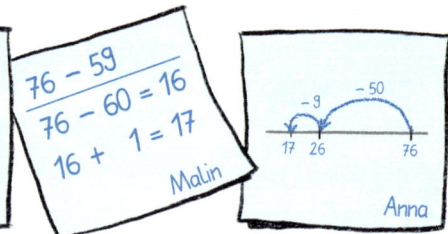
Anna

2

a) 80 – 30	b) 50 – 23	c) 44 – 26	d) 45 – 27	e) 65 – 29
80 – 35	51 – 23	54 – 25	62 – 18	93 – 68
85 – 35	52 – 23	64 – 24	81 – 25	74 – 36
70 – 20	60 – 32	73 – 45	53 – 27	84 – 48
70 – 23	62 – 33	83 – 44	65 – 38	71 – 59
73 – 23	64 – 34	93 – 43	74 – 29	56 – 56

0 12 18 18 20 25 26 27 27 28 28 28 29 29 29 30 36 36 38 39 40 44 45 45 47 50 50 50 50 50 56

3

starke Päckchen

a) 25 – 18	b) 36 – 29	c) 93 – 34	d) 82 – 24	e) 100 – 55
34 – 18	47 – 29	83 – 35	73 – 25	110 – 55
43 – 18	58 – 29	73 – 36	64 – 26	120 – 55
52 – 18	89 – 29	63 – 37	54 – 28	130 – 55
61 – 18	95 – 29	43 – 38	44 – 29	140 – 55
70 – 18	96 – 29	53 – 39	34 – 27	150 – 55

4

starke Päckchen

a)
52 – 20
52 – 22
52 – 24
52 – ___
___ – ___

b)
80 – 30
81 – 32
82 – 34
83 – ___

c)
45 – 29
55 – 29
65 – 29
75 – ___

d)
___ – ___
___ – ___
___ – ___
___ – ___

e) Beschreibt Päckchen b).

„Die erste Zahl _____ .

Die zweite Zahl _____ .

Deshalb wird das Ergebnis _____ ."

5

starke Päckchen

Erfinde ein Päckchen, das zu Gretas Beschreibung passt.

„Die erste Zahl wird immer um 2 kleiner.
Die zweite Zahl bleibt gleich.
Deshalb wird das Ergebnis immer
um 2 kleiner."

4 d) und **5** Offene Aufgaben. Unterschiedliche Lösungen möglich.

1 a) Rechnet. Erkennt ihr ein Muster? Setzt fort.

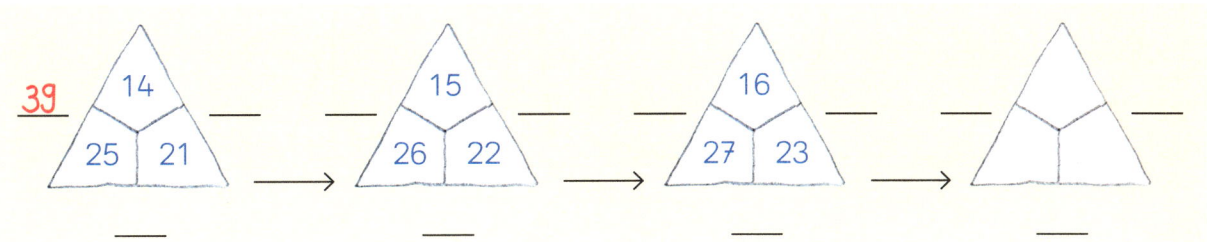

b) Beschreibt, wie sich die Rechendreiecke verändern.

„Jede Zahl innen wird immer _____ .

Deshalb wird jede Zahl außen immer _____ .“

2 a)

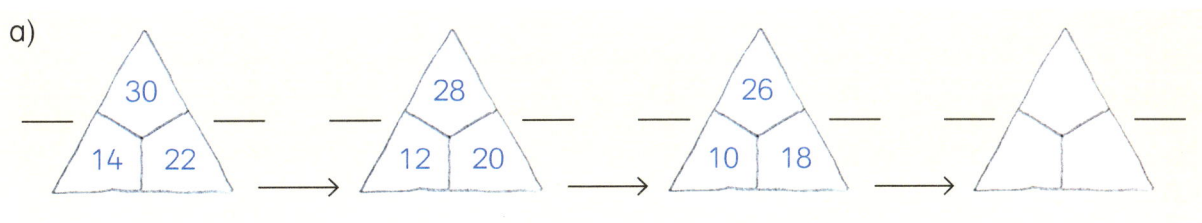

b) Beschreibt und erklärt, wie sich die Rechendreiecke verändern.

3 Amira beschreibt das Muster so:

„Jede Zahl innen wird immer um 3 größer.
Deshalb wird jede Zahl außen immer um 6 größer.“

Setzt Amiras Muster fort. Rechnet.

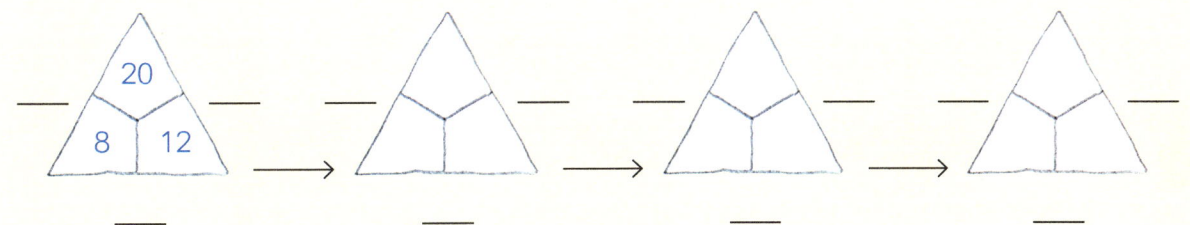

4 Erfindet ein eigenes Muster. Rechnet. Beschreibt.

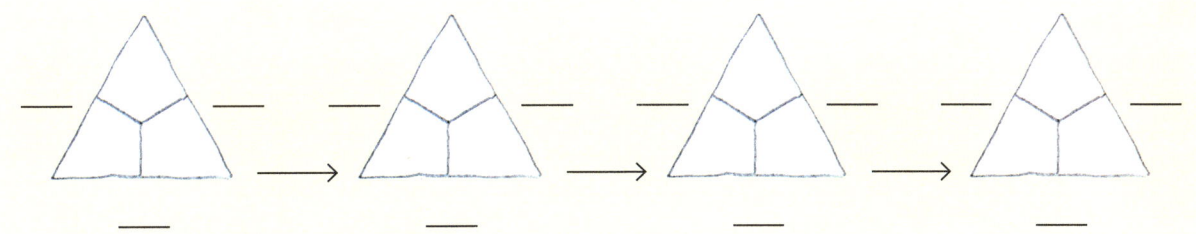

1 bis 4 Kopiervorlage nutzen. Beschreiben und begründen, wie sich die Rechendreiecke verändern.
4 Offene Aufgabe.

1 a) Rechnet. Erkennt ihr ein Muster? Setzt fort.

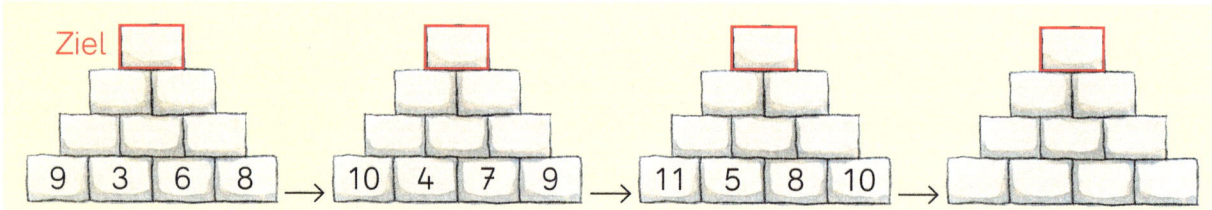

Ziel

| 9 | 3 | 6 | 8 | → | 10 | 4 | 7 | 9 | → | 11 | 5 | 8 | 10 | → |

b) Beschreibt, wie sich die Zahlenmauern verändern.

„Die unteren Zahlen werden jeweils _____ .
Deshalb wird die Zielzahl _____ .“

2 a)

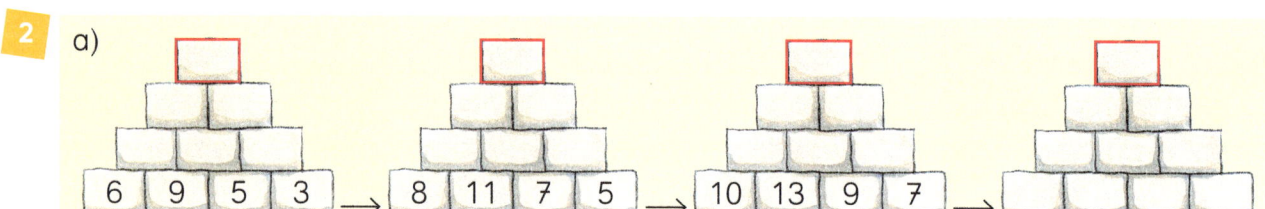

| 6 | 9 | 5 | 3 | → | 8 | 11 | 7 | 5 | → | 10 | 13 | 9 | 7 | → |

b) Beschreibt, wie sich die Zahlenmauern verändern.

3  Eman beschreibt das Muster so:

„Die Zahlen in der unteren Reihe werden jeweils um 2 kleiner.
Deshalb wird die Zielzahl jeweils um 16 kleiner.“

Setzt Emans Muster fort. Rechnet.

| 10 | 11 | 8 | 12 | → | | | | | → | | | | | → |

4 Erfindet ein eigenes Muster.
Rechnet. Beschreibt.

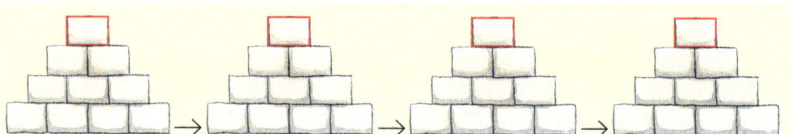

5  Vertauscht die vier Steine
in der unteren Reihe.

| 10 | 11 | 12 | 13 |

| 10 | 13 | 11 | 12 |

a) Wann erreicht ihr die **größte** Zielzahl?
b) Wann erreicht ihr die **kleinste** Zielzahl?

Spaßbad „Welle"

2-Stunden-Karte:
Erwachsene 9 €
Kinder 5 €

Tageskarte:
Erwachsene 12 €
Kinder 8 €

1 Welche Frage passt jeweils? Rechnet und antwortet.

a)

„Wir möchten jeder eine Tageskarte."

A Reicht das Geld?

B Wie viel müssen sie insgesamt bezahlen?

C Wie lange bleiben sie im Spaßbad?

b)

„Bitte eine 2–Stunden–Karte."

A Wie viel kostet eine Tageskarte für Erwachsene?

B Wie alt ist Frau Lack?

C Wie viel Geld bekommt sie zurück?

c)

„Drei Tageskarten bitte."

A Wie viel kostet der Eintritt für alle zusammen?

B Wie viel Geld bekommen sie zurück?

C Wie viel Geld hat Max dabei?

2 Welche Rechengeschichte passt zur Aufgabe? Fragt, rechnet und antwortet.

a) $3 \cdot 5 €$

A Elif hat 5 € dabei. Sie kauft sich im Spaßbad ein Eis für 3 €.

B Lea, Greta und Niko kaufen jeweils eine 2-Stunden-Karte im Spaßbad.

b) $50 € - 12 €$

A Herr Lange hat noch 50 €. Er kauft eine Tageskarte im Spaßbad.

B Frau Blase kauft eine 2-Stunden-Karte. Sie bezahlt mit einem 20-€-Schein.

c) Erfindet eine Rechengeschichte zu dieser Aufgabe.

$2 \cdot 8 € + 12 €$

3 a) Dilek tauchte 12 Meter weit.
Leonie schaffte es sogar doppelt so weit wie Dilek.
Wie weit tauchte Leonie?

b) Jana tauchte 14 Meter weit.
Tom schaffte drei Meter weniger als Jana.
Lara tauchte halb so weit wie Jana.
Wie weit tauchten Tom und Lara?

1 Passende Frage auswählen. Rechnung und Antwort im Heft notieren.
2 Passende Rechengeschichte auswählen. Rechnung und Antwort im Heft notieren.
c) Evtl. Rechengeschichte auf einer Karteikarte notieren und zum Rechnen weitergeben.

1   Rechne die Kernaufgaben.

a) 1 · 4	b) 1 · 5	c) 1 · 7	d) 1 · 1	e) 1 · 9
2 · 4	2 · 5	2 · 7	2 · 1	2 · 9
5 · 4	5 · 5	5 · 7	5 · 1	5 · 9
10 · 4	10 · 5	10 · 7	10 · 1	10 · 9

f) 1 · 6	g) 1 · 2	h) 1 · 10	i) 1 · 3	j) 1 · 8
2 · 6	2 · 2	2 · 10	2 · 3	2 · 8
5 · 6	5 · 2	5 · 10	5 · 3	5 · 8
10 · 6	10 · 2	10 · 10	10 · 3	10 · 8

2   Rechne die Aufgabe oder die Tauschaufgabe.

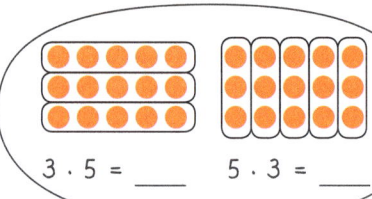

3 · 5 = _____   5 · 3 = _____

a) 3 · 5	b) 8 · 2	c) 2 · 7	d) 9 · 10	e) 6 · 2
6 · 5	8 · 10	5 · 7	10 · 6	2 · 9
9 · 5	8 · 5	5 · 3	7 · 10	10 · 2
2 · 5	8 · 1	3 · 10	10 · 4	2 · 2

3   Rechne die Kernaufgabe und die Nachbaraufgabe.

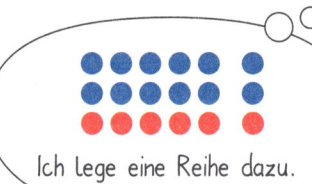

Ich lege eine Reihe dazu.

a) 2 · 6	b) 5 · 10	c) 2 · 4	d) 5 · 7	e) 2 · 8
3 · 6	6 · 10	3 · 4	6 · 7	3 · 8

f) 5 · 8	g) 2 · 9	h) 5 · 9	i) 2 · 7	j) 5 · 5
6 · 8	3 · 9	6 · 9	3 · 7	6 · 5

4   Rechne die Kernaufgabe und die Nachbaraufgabe.

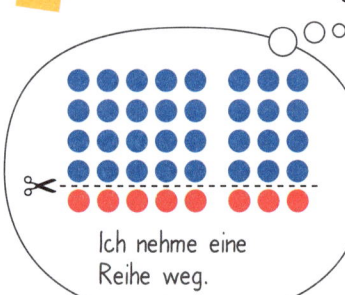

Ich nehme eine Reihe weg.

a) 5 · 8	b) 10 · 7	c) 5 · 9	d) 10 · 6	e) 5 · 6
4 · 8	9 · 7	4 · 9	9 · 6	4 · 6

f) 10 · 9	g) 5 · 7	h) 10 · 8	i) 10 · 5	j) 10 · 3
9 · 9	4 · 7	9 · 8	9 · 5	9 · 3

5   Welche Rechengeschichte passt zur Aufgabe? Fragt, rechnet und antwortet.

   6 · 4

A   Im Klassenraum der 3b stehen   **B**   Sechs Kinder sind im Klassenraum.
     sechs Vierertische.   Vier Kinder kommen gerade herein.

1 bis **4** Von den Kernaufgaben ausgehend Zusammenhänge nutzen.

1  Findet möglichst viele Malaufgaben zu diesen Ergebnissen.

a) 20　　b) 16　　c) 24　　d) 30　　e) 80　　f) 100

g) Zu welcher Zahl habt ihr die meisten Aufgaben gefunden?

2

a) 3 · 2	b) 4 · 8	c) 8 · 2	d) 7 · 2	e) 9 · 2	f) 6 · 2
3 · 4	4 · 4	8 · 4	7 · 4	9 · 4	6 · 4
3 · 8	4 · 2	8 · 8	7 · 8	9 · 8	6 · 8

3

a) 5 · 3	b) 7 · 3	c) 9 · 9	d) 8 · 9	e) 4 · 9	f) 2 · 3
5 · 6	7 · 6	9 · 3	8 · 3	4 · 6	2 · 6
5 · 9	7 · 9	9 · 6	8 · 6	4 · 3	2 · 9

4 In jeder Rechentafel sind fünf Fehler. Rechne richtig.

a)

·	2	4	8
3	7	12	24
5	10	21	40
7	14	30	54
9	18	36	72
8	16	32	65

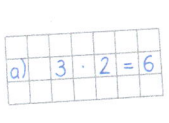 a) 3 · 2 = 6

b)

·	3	6	9
2	6	12	18
4	12	24	40
6	21	36	55
8	24	58	72
5	19	30	45

c)

·	7	5	10
3	24	20	30
5	35	25	50
7	59	35	77
9	63	45	80
10	70	50	100

5 Ergänze die Zahlenfolgen.

a) 3, 6, 9, ___, 15

b) 12, 16, 20, ___, 28

c) 50, 45, ___, 35, ___

d) 9, ___, 27, 36, 45

e) 5, 10, ___, ___, 25

f) 24, 30, ___, 42, ___

g) 27, 24, ___, 18, ___

h) 48, ___, 32, ___, 16

i) 7, ___, 21, ___, 35

j) 12, 24, ___, 48, ___

k) 26, 39, ___, 65, ___

l) 75, 60, ___, ___, 15

6 Welche Rechengeschichte passt zur Aufgabe? Fragt, rechnet und antwortet.

 5 · 6

A Fünf Kinder spielen auf dem Schulhof Fußball. Sechs Kinder spielen mit dem Springseil.

B In der Klasse 3b arbeiten immer sechs Kinder zusammen. Es sind fünf Gruppen.

7 Kombiniere: Von jeder Farbe eine Karte. Immer das gleiche Ergebnis.

a)
18	5	25
15	8	11
24	0	14

40

b)
24	9	36
32	16	32
27	0	40

72

c)
35	12	63
18	10	24
54	9	45

90

5 Diff.: Zahlenfolgen fortsetzen.

1 Für wie viele Tage reichen die Äpfel?

a) 12 Äpfel / Wenn ich jeden Tag ... / Oder wenn ich ...

b) 18 Äpfel

c) 16 Äpfel

2 Rechne zur Probe die Umkehraufgabe.

a) 12 : 3 ∘∘∘   ... denn
   18 : 3   4 · 3 = 12
   27 : 3

   21 : 3
   15 : 3
    3 : 3

b) 16 : 4
   32 : 4
   36 : 4

   24 : 4
    0 : 4
   20 : 4

c) 24 : 8
   48 : 6
   16 : 2

   32 : 8
   35 : 7
   42 : 6

d) 14 : 7
    9 : 1
   50 : 5

    0 : 6
   64 : 8
   56 : 7

e) 25 : 5
   45 : 9
   36 : 9

   54 : 6
   49 : 7
   72 : 8

 3

a)
24 : 1
24 : 2
24 : 3
24 : 4
24 : 6
24 : ___

b)
36 : 1
36 : 2
36 : 3
36 : 4
36 : ___
36 : ___

c)
48 : 1
48 : 2
48 : 3
48 : 4
48 : 6
48 : ___

d)
96 : 1
96 : 2
96 : 3
96 : 4
96 : 6
96 : ___

4 Der Clown isst jeden Tag gleich viele Kekse.

a) Ich habe 20 Kekse für vier Tage.

b) Ich habe 40 Kekse. Sie reichen für 8 Tage.

c) Ich verbrauche 49 Kekse in 7 Tagen.

d) Ich habe für 3 Tage noch 9 Kekse.

e) Ich habe 54 Kekse für 9 Tage.

f) Ich habe 37 Kekse für 5 Tage.

1 Offene Aufgaben. **4** f) Mit Rest.

1 Opa will gerecht **verteilen.**

16 : 3 = 5 Rest ___

2 a) Verteile immer an drei Kinder.

A   B   C   D   E

b) Verteile immer an vier Kinder.

3 Setze fort. Erkläre.

a)
```
18 : 3
19 : 3
20 : 3
21 : 3
22 : 3
23 : 3
```

b)
```
20 : 4
21 : 4
22 : 4
23 : 4
24 : 4
25 : 4
```

c)
```
30 : 5
31 : 5
32 : 5
33 : 5
34 : 5
```

d)
```
10 : 2
10 : 3
10 : 4
10 : 5
```

e)
```
20 : 2
20 : 3
20 : 4
```

4 Mit und ohne Rest.

a) 20 : 7   b) 36 : 5   c) 28 : 3   d) 50 : 10   e) 48 : 5

 14 : 7

    30 : 7   36 : 6   28 : 4   50 : 9   48 : 6

    40 : 7   36 : 7   28 : 5   50 : 8   48 : 7

    50 : 7   36 : 8   28 : 6   50 : 7   48 : 8

    60 : 7   36 : 9   28 : 7   50 : 6   48 : 9

    70 : 7   36 : 10   28 : 8   50 : 5   48 : 10

    71 : 7   37 : 10   29 : 6   52 : 7   49 : 5

    72 : 7   38 : 10   29 : 7   52 : 6   49 : 6

    73 : 7   39 : 10   29 : 8   52 : 5   49 : 7

5 Teile jede Zahl durch 8, durch 7, durch 9 und durch 6.

a) 10
```
a) 10 : 8 =
   10 : 7 =
```
   b) 15   c) 26   d) 33   e) 45   f) 55

1 und **2** Auch eigene Plätzchen in der Tischgruppe gleichmäßig verteilen.
3 Muster erkennen, fortsetzen und beschreiben.

1 a) Rechnet. Erkennt ihr ein Muster? Setzt fort.

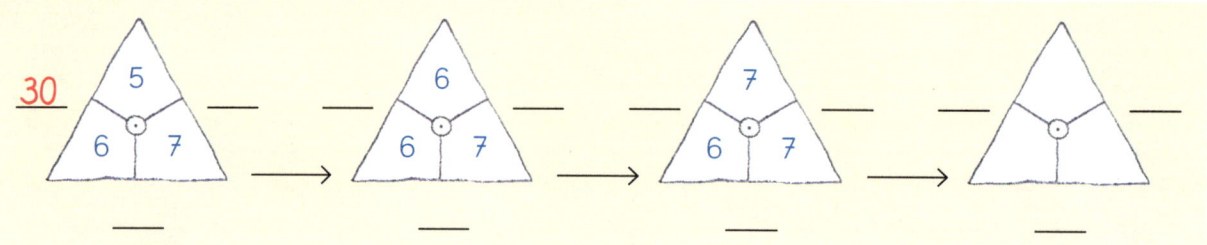

b) Beschreibt, wie sich die Rechendreiecke **verändern.**

„Eine Zahl innen wird immer _____ . Zwei Zahlen innen _____ .
Deshalb wird eine Zahl außen _____ , die zweite Zahl außen _____
und die dritte Zahl außen _____ .“

2 a)

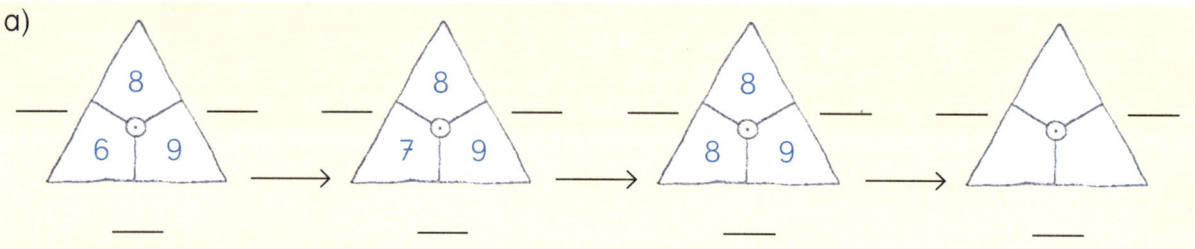

b) Beschreibt und erklärt, wie sich die Rechendreiecke verändern.

3 Nele beschreibt das Muster so:

„Eine Zahl innen wird immer um 1 kleiner. Zwei Zahlen innen bleiben gleich.
Deshalb werden zwei Zahlen außen immer um 6 kleiner.
Eine Zahl außen bleibt gleich.“

Setzt Neles Muster fort. Rechnet.

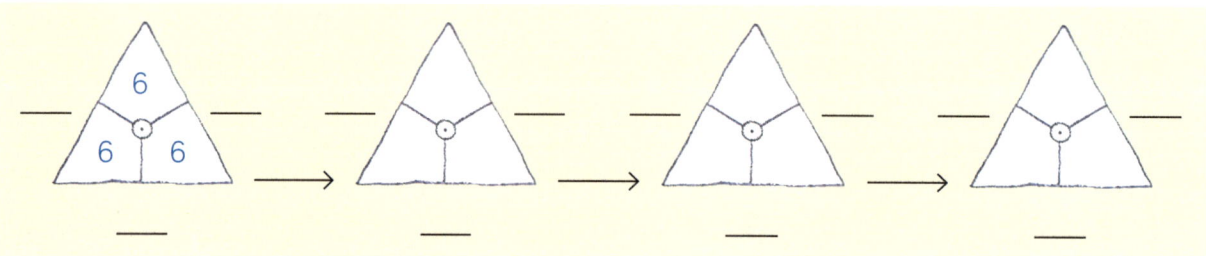

4 Erfindet ein eigenes Muster. Beschreibt. Erklärt.

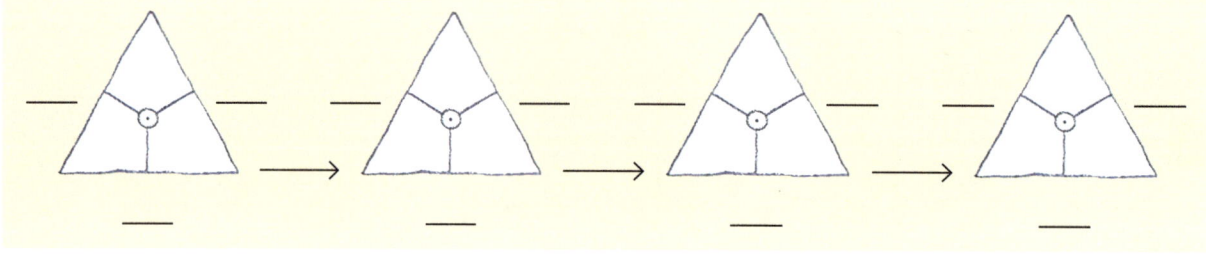

1 a) Die Klasse 3b hat zu jeder Einmaleinsaufgabe ein Rechteck ausgeschnitten.
Was fällt euch auf?

b) Zeichnet die Quadrate. Rechnet die Multiplikationsaufgaben.
Setzt fort.

$1 \cdot 1 = 1$ $2 \cdot 2 = 4$ $3 \cdot 3 = \_\_\_$ $4 \cdot 4 = \_\_\_$

> Die Zahlen 1, 4, 9, 16, …
> heißen **Quadratzahlen**.
> Warum heißen sie so?

2 Welche Zahlen sind Quadratzahlen?
Schreibe nur zu den Quadratzahlen die Multiplikationsaufgaben.

a) 100    a) $1\,0\,0 = 1\,0 \cdot 1\,0$ b) 25   c) 42   d) 81   e) 16

f) 12   g) 32   h) 9   i) 1   🐝j) 90   🐝k) 4

3 Zeichne. Rechne. Setze fort.

a)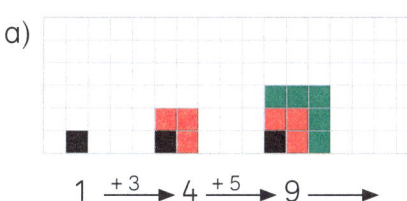

$1 \xrightarrow{+3} 4 \xrightarrow{+5} 9 \longrightarrow$

b)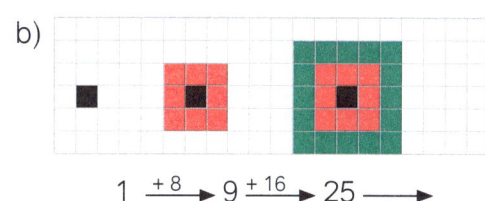

$1 \xrightarrow{+8} 9 \xrightarrow{+16} 25 \longrightarrow$

4
Forschungs-
auftrag

$49 = 36 + 9 + \_\_\_$

Kann man Quadratzahlen **immer**
in Quadratzahlen zerlegen?
Probiere.

1 a) Thematisieren: Quadrate sind auch Rechtecke.

1

Probiert. Rechnet erst „plus", dann „mal".
Rechnet erst „mal", dann „plus".

Was stellt ihr fest?

Vereinbarung:
Punktrechnung · : **geht vor Strichrechnung** − +

Erst mal, dann plus – das ist ein Muss.

2

a)	b)	c)	d)	e)
3 + 6 · 2	4 · 2 + 3	8 · 3 − 2	20 − 2 · 2	10 + 3 · 3
4 + 3 · 3	5 · 3 + 2	6 · 3 − 1	30 − 4 · 1	20 + 5 · 3
2 + 5 · 4	3 · 2 + 6	2 · 5 − 10	40 − 3 · 4	30 + 4 · 4
6 + 3 · 4	6 · 1 + 8	7 · 2 − 9	50 − 5 · 5	40 + 3 · 6

0 5 10 11 12 13 14 15 16 17 17 18 19 22 22 25 26 28 35 46 58

3

a)	b)	c)	d)	e)
20 + 16 : 2	21 : 7 + 15	50 − 16 : 8	36 : 4 − 8	10 − 14 : 7
30 + 14 : 2	16 : 4 + 28	40 − 18 : 9	45 : 5 − 6	20 − 27 : 3
25 + 12 : 3	10 : 5 + 70	30 − 24 : 6	5 : 5 − 0	30 − 30 : 10
35 + 16 : 4	18 : 6 + 55	20 − 35 : 7	36 : 9 − 2	40 − 49 : 7

0 1 1 2 3 8 11 15 18 26 27 28 29 32 33 37 38 39 48 58 72

4 a) Welche Aufgabe passt?
Frage, rechne und antworte.

b) Erfinde eine Rechengeschichte zu dieser Aufgabe.

4 · 6 + 3

A 3 + 7 + 2
B 3 + 2 · 7
C 3 · 7 + 2
D 3 · 7 · 2

5 ## Zahlen treffen

Würfele. Rechne mit den drei Zahlen.
Versuche immer eine Zahl zu treffen.

   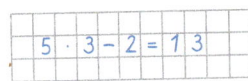

5 · 3 − 2 = 1 3

8 9 10 11 12 13 14
15 16 17 18 19 20

1 Aus verschiedenen Ergebnissen ergibt sich die Notwendigkeit einer Vereinbarung.
5 Addieren, subtrahieren, multiplizieren oder dividieren.

1

 Welche Zahlen kannst du einsetzen?

2 Finde jeweils fünf passende Multiplikationsaufgaben.

a) 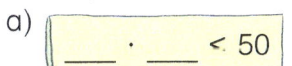 ____ · ____ < 50　　b) ____ · ____ < 40　　c) ____ · ____ < 70　　d) ____ · ____ < 20

3 Vergleiche. Schreibe < oder = oder >.

a) 3 · 8 $<$ 48　　　b) 9 · 6 ◯ 30　　　c) 5 · 7 ◯ 30　　　d) 9 · 8 ◯ 7 · 10
　 4 · 8 ◯ 48　　　　 7 · 6 ◯ 30　　　　 3 · 9 ◯ 27　　　　 8 · 6 ◯ 4 · 8
　 5 · 8 ◯ 48　　　　 5 · 6 ◯ 30　　　　 4 · 6 ◯ 25　　　　 7 · 4 ◯ 3 · 10
　 6 · 8 ◯ 48　　　　 3 · 6 ◯ 30　　　　 8 · 3 ◯ 30　　　　 5 · 9 ◯ 8 · 7

4 Welche Zahlen passen?

a) Das Ergebnis von 8 − ____ ist größer als 4.

b) Das Ergebnis von 25 + ____ ist kleiner als 30.

c) Das Ergebnis von 9 · ____ ist kleiner als 80.

A　5
B　4
C　3
D　2

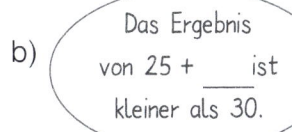
A　3
B　6
C　4
D　5

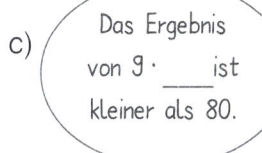
A　8
B　9
C　10
D　7

5 Welche Rechenzeichen passen? (+) (−) (·) (:)

a) 6 (+) 6 = 12　　b) 8 ◯ 8 = 64　　c) 7 ◯ 7 = 49
　 6 ◯ 6 = 36　　　 8 ◯ 8 = 16　　　 7 ◯ 7 = 14
　 6 ◯ 6 = 1　　　　8 ◯ 8 = 0　　　　7 ◯ 7 = 0
　 6 ◯ 6 = 0　　　　8 ◯ 8 = 1　　　　7 ◯ 7 = 1

6 a) 18 ◯ 6 = 4 ◯ 6　　b) 8 ◯ 4 = 29 ◯ 3　　c) 64 ◯ 8 = 5 ◯ 3　　d) 70 ◯ __ = __ ◯ __
　　48 ◯ 6 = 12 ◯ 4　　　50 ◯ 1 = 7 ◯ 7　　　100 ◯ 10 = 2 ◯ 5　　　__ ◯ 8 = __ ◯ __

Eine Aufgabe ist nicht lösbar.

7 Hier fehlen immer zwei Rechenzeichen.

a) 9 ◯ 9 ◯ 9 = 90　　b) 7 ◯ 7 ◯ 7 = 42　　c) 6 ◯ 6 ◯ 6 = 30　　d) 8 ◯ 8 ◯ 8 = 8
　 9 ◯ 9 ◯ 9 = 72　　　 7 ◯ 7 ◯ 7 = 8　　　 6 ◯ 6 ◯ 6 = 6　　　 8 ◯ 8 ◯ 8 = 32

1, 2 und 4 Meist mehrere Lösungen. 6 d) Offene Aufgaben.

1 Bauanleitung Papierflieger

① Falte ein A4-Blatt in der Mitte. Öffne es wieder.

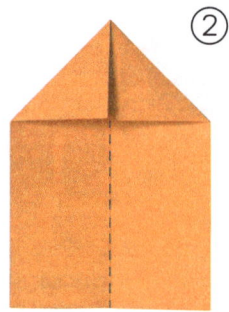
② Falte die beiden oberen Ecken zu einem Dach.

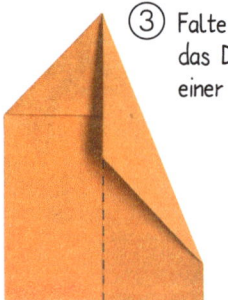
③ Falte das Dach zu einer Spitze.

④ Falte zusammen.

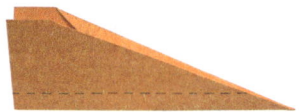
⑤ Drehe. Knicke an der unteren Kante etwa 2 cm um.

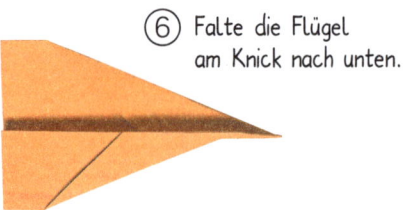
⑥ Falte die Flügel am Knick nach unten.

⑦ Knicke die Ränder auf beiden Seiten nach oben.

Teste deinen Flieger. Wie weit fliegt er?

2 Faltet Flieger in verschiedenen Größen: Papier A3, A4, A5.

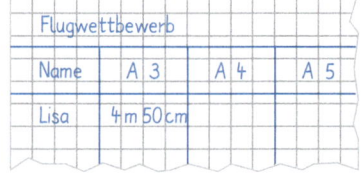

Flugwettbewerb			
Name	A 3	A 4	A 5
Lisa	4 m 50 cm		

a) Startet eure Flieger gleichzeitig. Welcher bleibt am längsten in der Luft?
b) Welche Flieger kommen am weitesten? Woran kann das liegen?

3 Sonjas Flieger ist 8 m weit geflogen, Tims Flieger nur halb so weit. Maries Flieger erreichte eine Weite von 5 m 80 cm.

a) Wer ist Sieger?
b) Wer belegt den 2. Platz?
c) Wer belegt den 3. Platz?

 4 Pauls Flieger ist dreimal so weit geflogen wie Ellis Flieger. Ihr Flieger schaffte die Hälfte von Annas Flieger. Annas Flieger flog 6 m weit.

a) Wie weit ist Pauls Flieger geflogen?
b) Wer belegt den 3. Platz?

3 und **4** Diff.: Strecken auf dem Schulhof zeichnen. Eigene Aufgaben schreiben.

1 a) Sind es mehr als 100 oder weniger als 100 Menschen? Schätzt.

b) Wie viele grüne Salatköpfe sind es? Schätzt.

c) Wie viele Bücher sind es? Schätzt.

2 Wie viele Erbsen sind es jeweils? Schätzt. Begründet.

20   200

1 Ein Feld (eine Reihe, einen Regalboden) auszählen und auf das Ganze schließen.

1 Wie viele Würfel sind es? Schätze erst.

Geordnet geht es besser.

2 Wie viele Würfel sind gebündelt?

a)

_____ Würfel

b)

Hunderterplatte

_____ Würfel

3

1 Tausender = _____ Hunderter = _____ Zehner = _____ Einer

4 Wie viele kleine Würfel fehlen am Tausender?

a)

b)

c)

d)

e)

f)

g)

h)

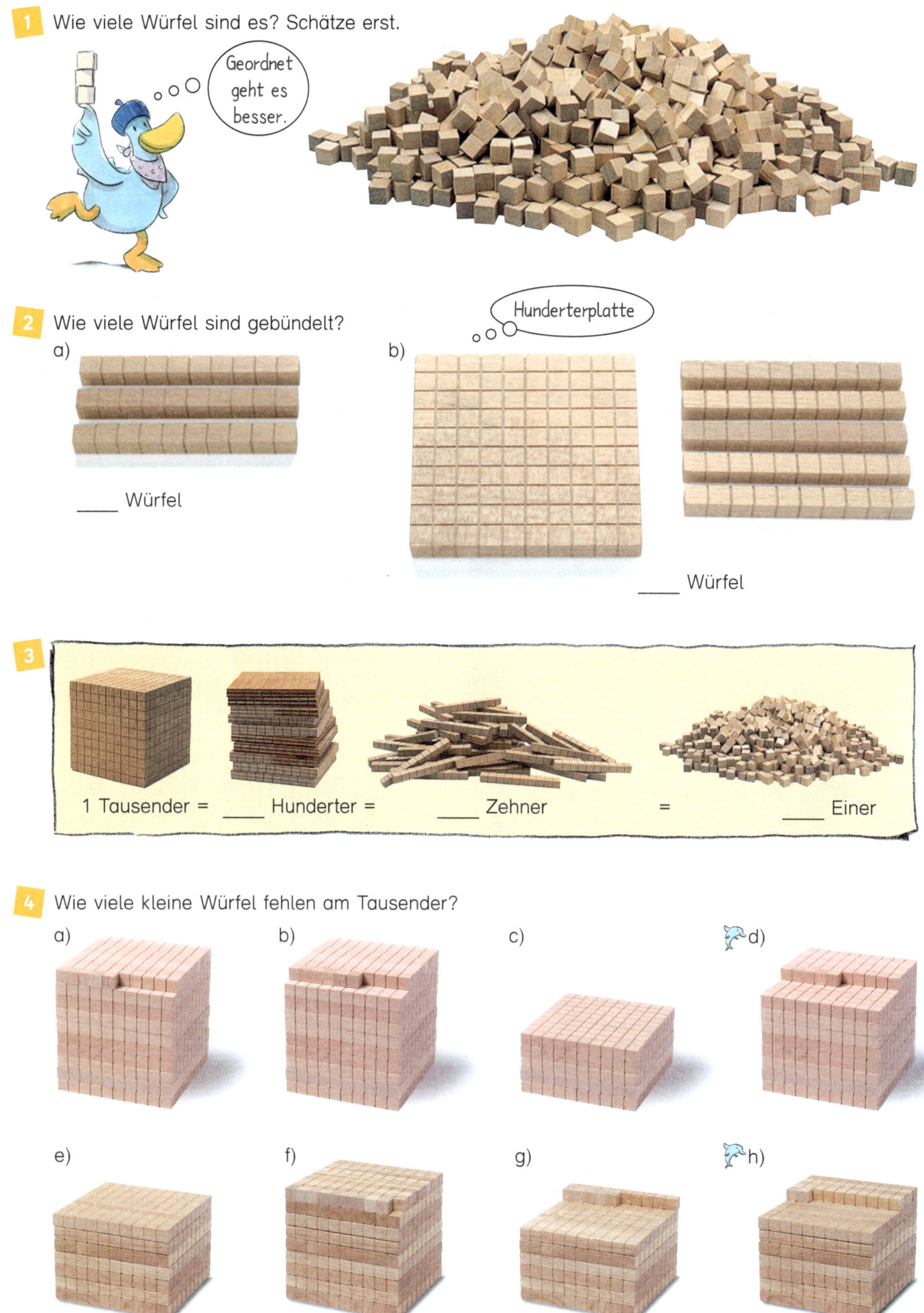

4 Diff.: Feststellen, wie viele Würfel jeweils verbaut wurden.

1 Lege **H**underterplatten, **Z**ehnerstangen und **E**inzelne. Trage in eine Stellentafel ein.

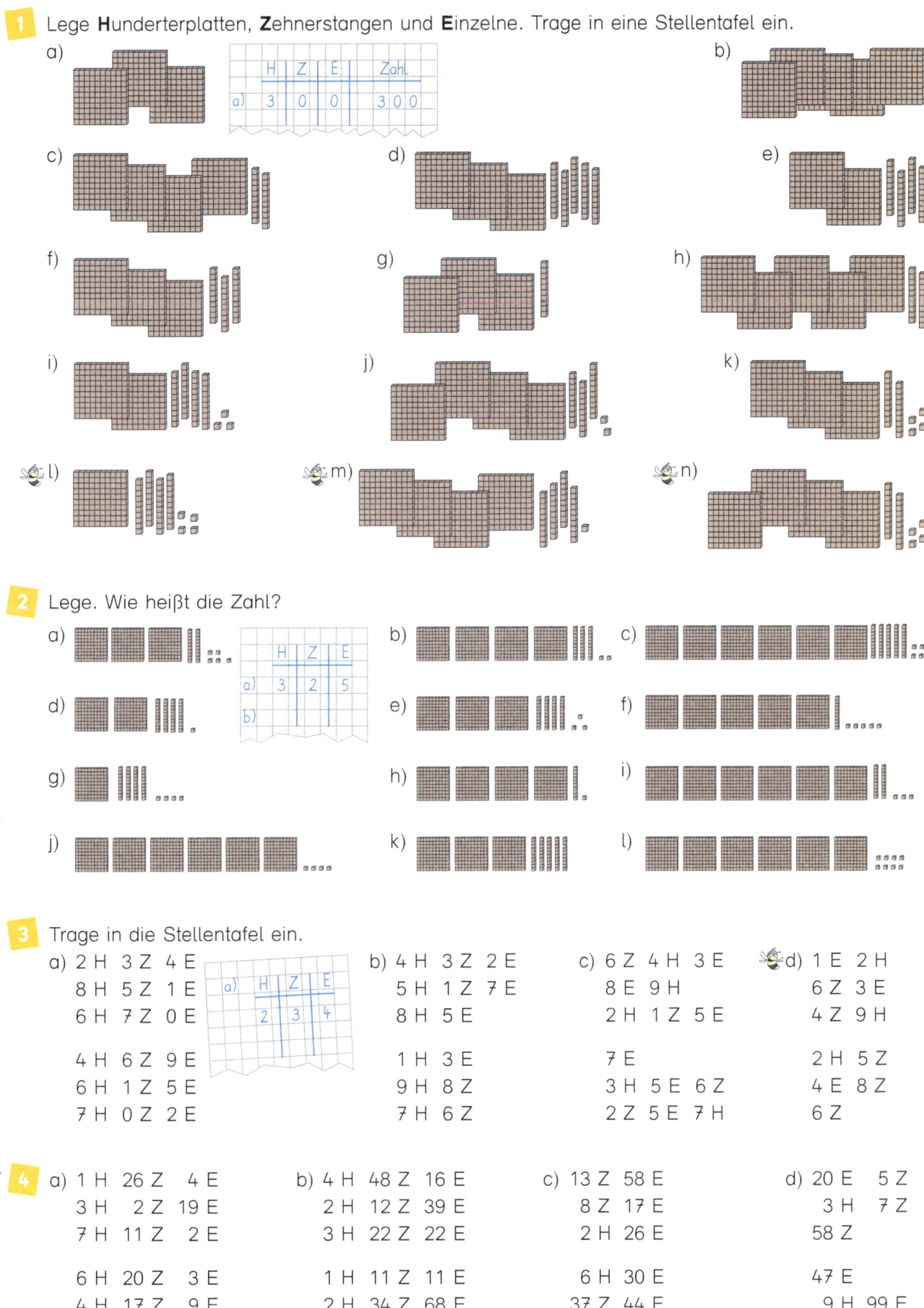

a)

	H	Z	E	Zahl
a)	3	0	0	300

b)

c)   d)   e)

f)   g)   h)

i)   j)   k)

l)   m)   n)

2 Lege. Wie heißt die Zahl?

a)

	H	Z	E
a)	3	2	5
b)			

b)   c)

d)   e)   f)

g)   h)   i)

j)   k)   l)

3 Trage in die Stellentafel ein.

a) 2 H 3 Z 4 E
   8 H 5 Z 1 E
   6 H 7 Z 0 E

a)	H	Z	E
	2	3	4

   4 H 6 Z 9 E
   6 H 1 Z 5 E
   7 H 0 Z 2 E

b) 4 H 3 Z 2 E
   5 H 1 Z 7 E
   8 H 5 E

   1 H 3 E
   9 H 8 Z
   7 H 6 Z

c) 6 Z 4 H 3 E
   8 E 9 H
   2 H 1 Z 5 E

   7 E
   3 H 5 E 6 Z
   2 Z 5 E 7 H

d) 1 E 2 H
   6 Z 3 E
   4 Z 9 H

   2 H 5 Z
   4 E 8 Z
   6 Z

4 a) 1 H 26 Z 4 E
      3 H 2 Z 19 E
      7 H 11 Z 2 E

      6 H 20 Z 3 E
      4 H 17 Z 9 E
      5 H 13 Z 1 E

b) 4 H 48 Z 16 E
   2 H 12 Z 39 E
   3 H 22 Z 22 E

   1 H 11 Z 11 E
   2 H 34 Z 68 E
   6 H 15 Z 27 E

c) 13 Z 58 E
    8 Z 17 E
    2 H 26 E

    6 H 30 E
   37 Z 44 E
   48 Z 48 E

d) 20 E 5 Z
    3 H 7 Z
   58 Z

   47 E
    9 H 99 E
   12 E 7 H

2 bis **4** Evtl. Material legen. Zahlen laut lesen.

1 Lege und zeichne. Wie heißt die Zahl?

Lies laut.

a)
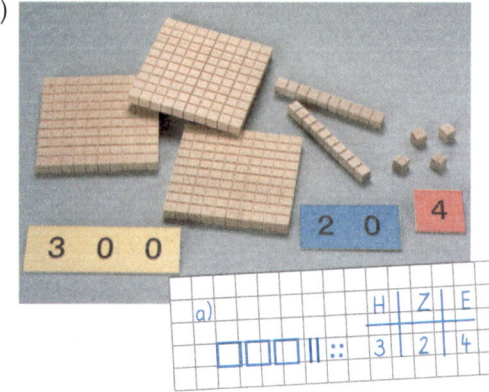

300   2 0   4

| | |H|Z|E|
a) □□□ ‖ :: |3|2|4|

b)  2 3 9

c) 8 6 7

d) 6 2 3

e) 5 4 8

f)  9 1 5

g) 7 7 4

h) 6 2 4

i) 5 4 5

j)  5 0 1

k) 4 0 5

l) 8 50

m) 6 70

2 Welche Zahlenkarten wurden gelegt? Schreibe die Plusaufgabe.

a) 2 3 6   200 + 30 + 6 = 236

b) 2 6 3

c) 3 2 6

d) 6 2 3

e) 6 3 2

f) 9 7 4

g) 4 7 9

h) 4 9 7

i) 8 0 5

j) 5 2 0

k) 9 9 9

l) 1 8 1

m) 8 5 7

3

 70   400   5   50   700   9

Lege Zahlen mit diesen Zahlenkarten. Schreibe auf.

a) fünf verschiedene Zahlen

b) die größte Zahl

c) die kleinste Zahl

d) alle Zahlen, die größer als 700 sind

4 Lege Zahlenkarten. Schreibe auf.

a) zweihundertacht

b) siebenhundertsieben

c) vierhundertvierundvierzig

d) neunhundertzehn

e) fünfhundertzwanzig

f) dreihundertelf

g) achthundertsechs

h) fünfhundertdreizehn

i) neunhundertzwölf

j) siebenhundertsiebzig

k) sechshundertsechzehn

l) einhundertdreiunddreißig

5 Ordne die Zahlen nach der Größe. Beginne mit der kleinsten Zahl.

a) 930   390   630   360

b) 840   480   120   210

c) 695   965   565   599

d) 250   500   750   125

e) 653   635   563   365   565

f) 212   231   321   123   312

g) 550   444   39   93   735   53   505

h) 61   16   916   619   36   961   691

1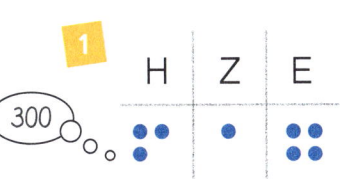

a) Wie heißt die Zahl?
b) Legt **ein Plättchen dazu**.
   Welche Zahlen können entstehen?

Wohin soll ich das Plättchen legen?

2 Legt **zwei Plättchen dazu**. Welche Zahlen können entstehen?

a) 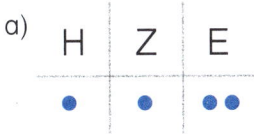   b) 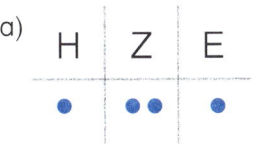   c) 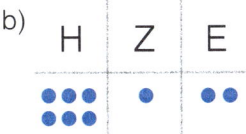   d)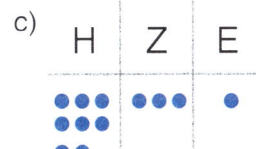

3 Nehmt jeweils **ein Plättchen weg**. Welche Zahlen können entstehen?

a) b) c) d)

4 a)

Ich lege vier Plättchen. Welche Zahlen können entstehen?

b) Wie viele Plättchen könnten es sein?
Es sind doppelt so viele Einer wie Zehner.
Es sind doppelt so viele Zehner wie Hunderter.

5 ## Hohe Hausnummer

Wer erreicht mit drei Würfeln in einem Wurf die **größere Zahl**?

Kim

H	Z	E
5	3	2

Amelie

H	Z	E

Kann Amelie gewinnen? Tragt passend ein.

6 ## Niedrige Hausnummer

Wer erreicht mit drei Würfeln in einem Wurf die **kleinere Zahl**?

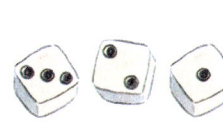

H	Z	E

H	Z	E

Das Spiel wird noch spannender, wenn ihr mit nur einem Würfel spielt und nach jedem Wurf eintragt.

1 **IVZ**

Freundlicher Fahrer gesucht!

Die Eltern von Lisa Sommer möchten sich bei dem Autofahrer bedanken, der Lisa am 12. Februar geholfen hat, als sie mit dem Fahrrad gestürzt war. Das Mädchen erinnert sich nur noch an das Kennzeichen **K-ER** und die Ziffern **6, 2** und **1.** Die Reihenfolge hat sie leider vergessen.

6 2 1

Welche dreistellige Zahl könnte auf dem Nummernschild gestanden haben?

2 a) Bildet aus den Ziffern  alle **geraden** dreistelligen Zahlen, die möglich sind.

b) Bildet alle **ungeraden** dreistelligen Zahlen, die möglich sind.

3 Schreibt alle dreistelligen Zahlen auf, die **gleich viele** Hunderter, Zehner und Einer haben. Wie viele gibt es?

 4 Lia legt mit den Ziffern 0 2 3 die Zahl 230.

a) Nun tauscht sie die 3 gegen eine 5 aus. Wie viel größer ist die neue Zahl?

b) Nun tauscht sie die 2 gegen eine 1 aus. Wie viel kleiner ist die neue Zahl?

 5 Bildet aus den Ziffern 1 3 4 8 alle möglichen **vierstelligen** Zahlen.

 6 a) Bildet aus den Ziffern alle möglichen vierstelligen Zahlen.

b) Gibt es mehr gerade oder mehr ungerade vierstellige Zahlen? Vermutet erst.

Seid ihr sicher, dass ihr alle Möglichkeiten gefunden habt?

7 a)

Meine Zahl hat gleiche Ziffern an der Zehnerstelle und an der Einerstelle. Die Hunderterziffer ist doppelt so groß.

b)
Ich denke mir eine Zahl. Die Hunderterziffer ist doppelt so groß wie die Zehnerziffer. Die Zehnerziffer ist doppelt so groß wie die Einerziffer.

c)
Ich denke mir eine Zahl. Die Einerziffer ist dreimal so groß wie die Hunderterziffer. Die Zehnerziffer ist um 7 kleiner als die Einerziffer.

d)
Bei meiner Zahl ist die Zehnerziffer halb so groß wie die Einerziffer. Die Einerziffer ist viermal so groß wie die Hunderterziffer.

1 Zerlegemauern.

Immer 1000 in jeder Schicht.

a)

$1000 = \underline{} \cdot 1000$

$1000 = \underline{} \cdot 500$

$1000 = \underline{} \cdot 250$

$1000 = \underline{} \cdot 125$

b)

$1000 = \underline{} \cdot \underline{\textcolor{blue}{1000}}$

$1000 = \underline{} \cdot \underline{}$

$1000 = \underline{} \cdot \underline{}$

$1000 = \underline{} \cdot \underline{}$

2 a)
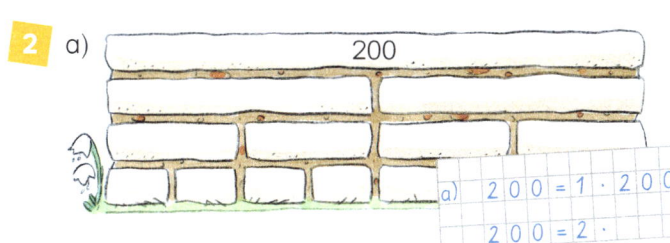

b)

a) $200 = 1 \cdot 200$

$200 = 2 \cdot$

c)
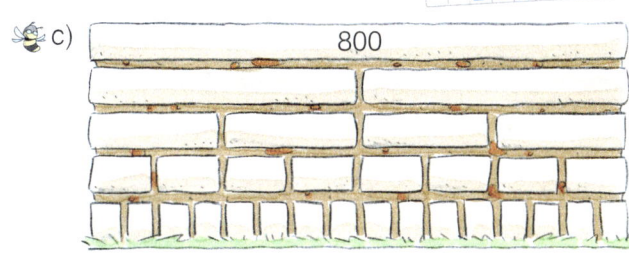

d)
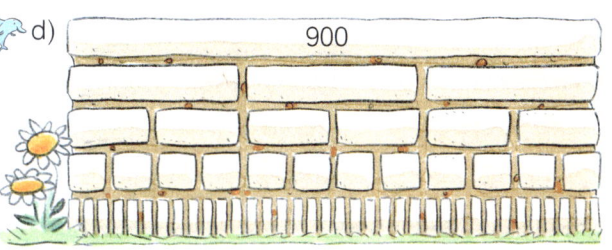

3
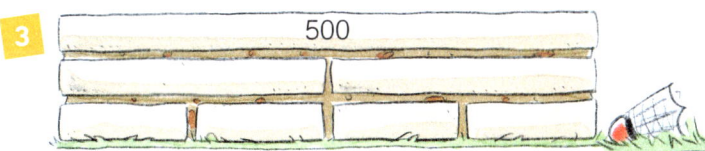

a) $500 = \underline{} \cdot 500$

$ 500 = \underline{} \cdot 250$

$ 500 = \underline{} \cdot 125$

b) $500 : 1 = \underline{}$

$ 500 : 2 = \underline{}$

$ 500 : 4 = \underline{}$

4 Welche Zahlen könnten passen?

a) $\underline{} = 1 \cdot \underline{}$

$\underline{} = 2 \cdot \underline{}$

$\underline{} = 4 \cdot \underline{}$

$\underline{} = 8 \cdot \underline{}$

b) $\underline{} : 1 = \underline{}$

$\underline{} : 2 = \underline{}$

$\underline{} : 4 = \underline{}$

$\underline{} : 8 = \underline{}$

5 Theresas Buch hat 1000 Seiten. Bei welcher Seite liegt das Lesezeichen ungefähr? Begründe.

a)

b)

c)

d)

1 bis 4 Kopiervorlagen nutzen. 4 Offene Aufgaben.

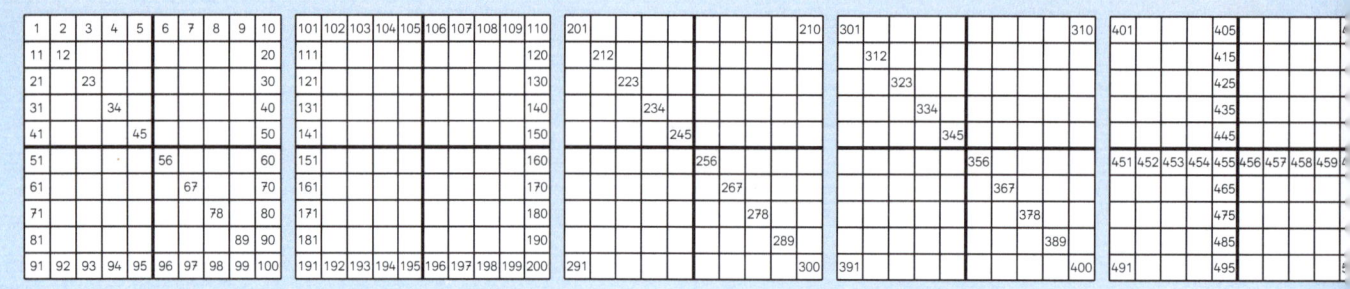

1 Lest die Zahlen und zeigt sie im Tausenderstreifen.

a)

55 155 255 355 455 555 655 755 855 955

b)

79 132 205 292 368 424 468 583 617 712 863 937 784 908

2 Kreise die Zahlen in einem Tausenderstreifen ein. Setze fort.

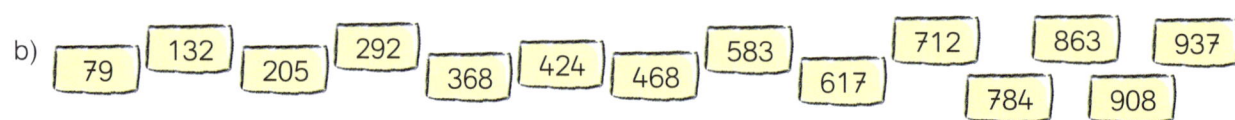

a) rot   100, 200, 300, …
b) grün   1, 101, 201, …
c) gelb   50, 150, 250, …

d) orange   99, 199, 299, …
e) blau   25, 50, 75, …
f) lila   62, 162, 262, …

g) grau   60, 120, 180, …
h) rosa   90, 180, 270, …
i) braun   99, 198, 297, …

3 Schreibt zu jedem Muster die Zahlen auf.

a)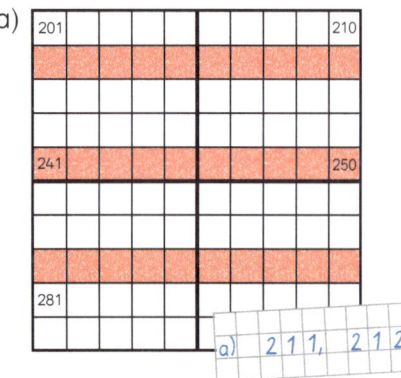

b)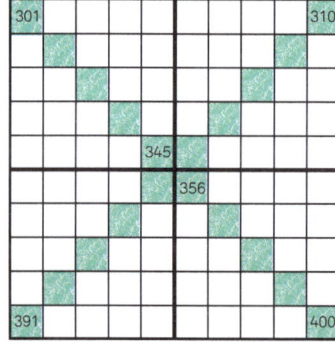

a) 211, 212,

c) Malt eigene Muster auf Kästchenpapier. Gebt sie zum Aufschreiben der Zahlen an ein anderes Kind weiter.

4 Kreise diese Zahlen in einem Tausenderstreifen ein. Welche Muster entstehen?

a) rot   23, 28, 33, 34, 38, 43, 45, 48, 53, 56, 58, 63, 67, 68, 73, 78
b) blau   217, 227, 237, 247, 257, 267
c) gelb   335, 336, 344, 353, 363, 374, 385, 386
d) grün   422, 425, 432, 434, 442, 443, 452, 453, 462, 464, 472, 475

Ich?

W

5

a)	b)	c)	d)	e)
12 + 6 · 3	7 · 4 + 11	40 − 4 · 4	8 · 7 − 23	20 − 21 : 3
23 + 6 · 4	7 · 8 + 23	50 − 5 · 5	7 · 6 − 41	30 − 18 : 3
34 + 6 · 7	7 · 9 + 37	60 − 7 · 7	6 · 9 − 52	40 − 27 : 3
45 + 6 · 6	7 · 3 + 48	70 − 8 · 8	9 · 8 − 69	50 − 24 : 3

1	13	31	50
2	24	33	69
3	24	39	76
6	25	42	79
11	30	47	81
			100

Number grids (partial hundred-fields 500–1000):

500er: 505 … 510 | 515 | 525 | 535 | 545 … 645 | 552 553 554 555 556 557 558 559 560 … 654 655 656 | 565 … 665 | 575 | 585 | 595 … 600

600er: 601 … 610 | 691 … 700

700er: 701 … 710 | 745 | 754 755 756 | 765 | 791 … 800

800er: 801 … 810 | 811 812 | 822 823 | 833 834 | 844 845 | 855 856 | 866 867 | 877 878 | 888 889 | 891 … 899 900

900er: 901 … 910 | 911 912 | 922 923 | 933 934 | 944 945 | 955 956 | 966 967 | 977 978 | 988 989 | 991 … 999 1000

---

 6 Wie viele Zahlen bis 1000 gibt es jeweils

a) mit der Ziffer 5 an der Einerstelle?

b) mit der Ziffer 0 an der Zehnerstelle?

c) mit der Ziffer 6 an der Hunderterstelle?

d) die ungerade sind?

e) die gerade sind?

f) mit drei gleichen Ziffern?

g) mit zweimal der Ziffer 4?

h) mit zwei gleichen Ziffern und einer 1?

i) bei denen an der Hunderterstelle, Zehnerstelle und Einerstelle die gleiche Ziffer steht?

---

7 Welche Zahlen fehlen?

a)
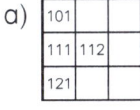
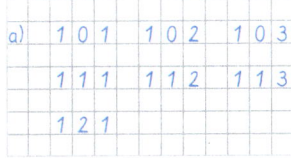

b)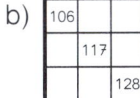

c)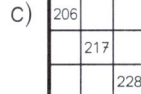

d)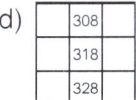

 e)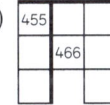

 f)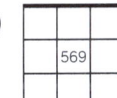

 g)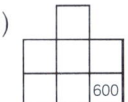

 h)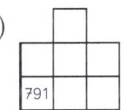

 i)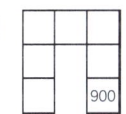

 j)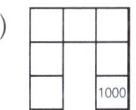

---

8 Springe in vier Richtungen. Wo landest du?

a)
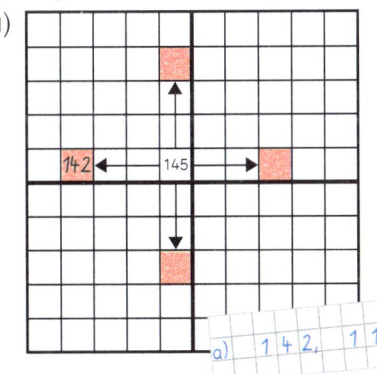

b)
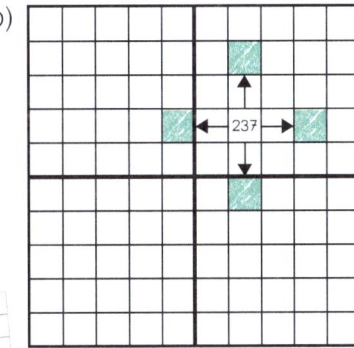

c)
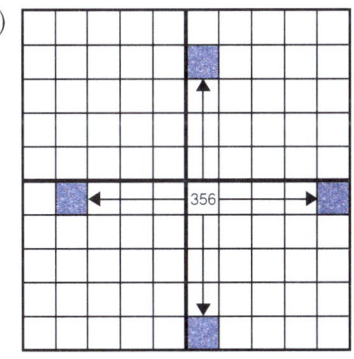

---

9 Kann das stimmen?

a) „Wenn man im Hunderterfeld ein Feld nach rechts springt, verändert sich der Einer um 1."

b) „Wenn man im Hunderterfeld zwei Felder nach unten springt, verändert sich der Hunderter um 1."

c) „Es gibt im Tausenderstreifen mehrere Zahlen mit drei gleichen Ziffern."

d) „Die kleinste Zahl im dritten Hunderter ist die 301 und die größte die 400."

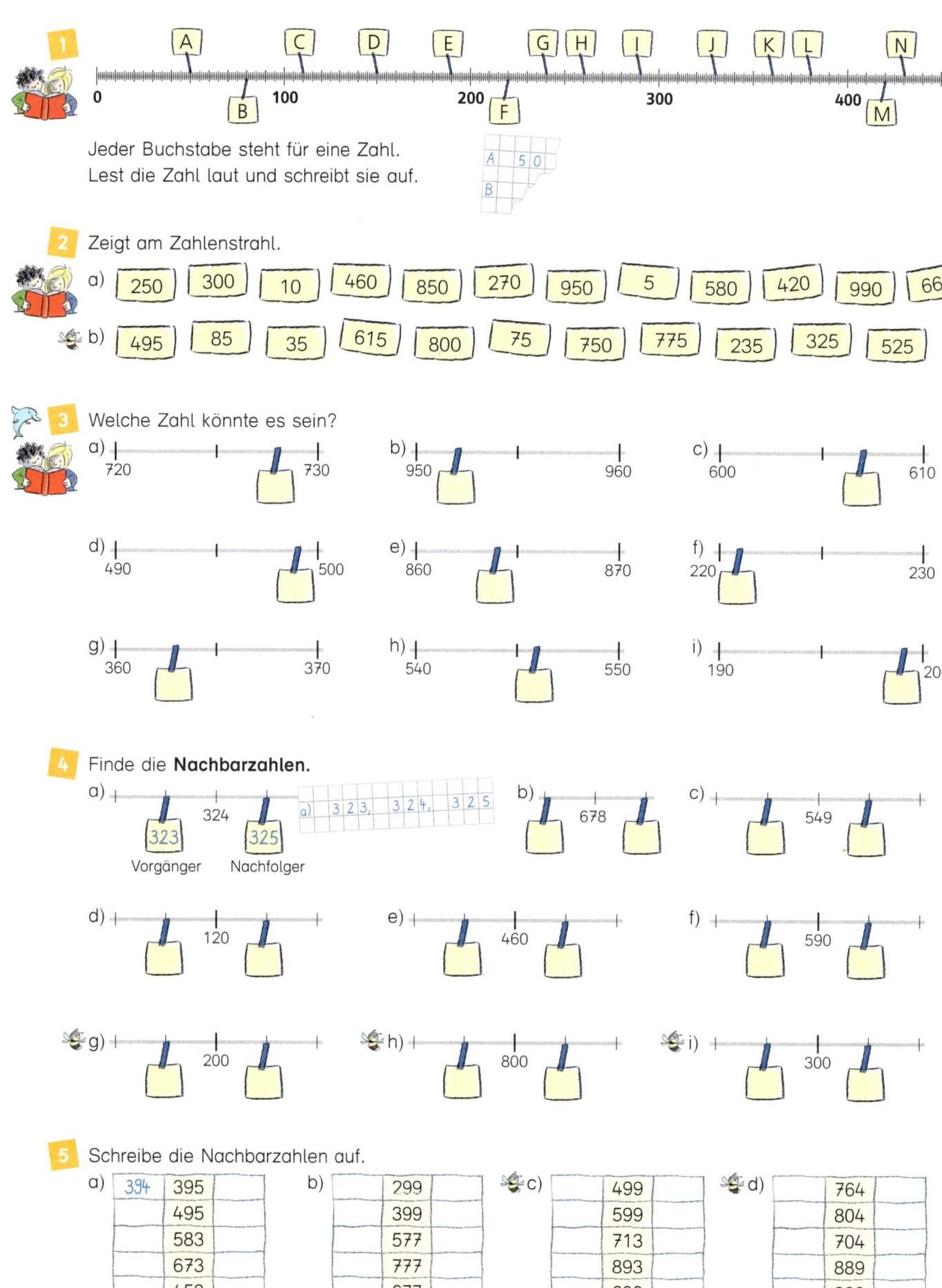

1 Jeder Buchstabe steht für eine Zahl.
Lest die Zahl laut und schreibt sie auf.

A	5 0
B	

2 Zeigt am Zahlenstrahl.

a) 250 300 10 460 850 270 950 5 580 420 990 660

b) 495 85 35 615 800 75 750 775 235 325 525

3 Welche Zahl könnte es sein?

a) 720 — 730

b) 950 — 960

c) 600 — 610

d) 490 — 500

e) 860 — 870

f) 220 — 230

g) 360 — 370

h) 540 — 550

i) 190 — 200

4 Finde die **Nachbarzahlen.**

a) 323 324 325
Vorgänger   Nachfolger

a) 3 2 3, 3 2 4, 3 2 5

b) 678

c) 549

d) 120

e) 460

f) 590

g) 200

h) 800

i) 300

5 Schreibe die Nachbarzahlen auf.

a)
394	395	
	495	
	583	
	673	
	453	

b)
	299	
	399	
	577	
	777	
	677	

c)
	499	
	599	
	713	
	893	
	600	

d)
	764	
	804	
	704	
	889	
	999	

3 und 4 Zahlenstrahlausschnitte.

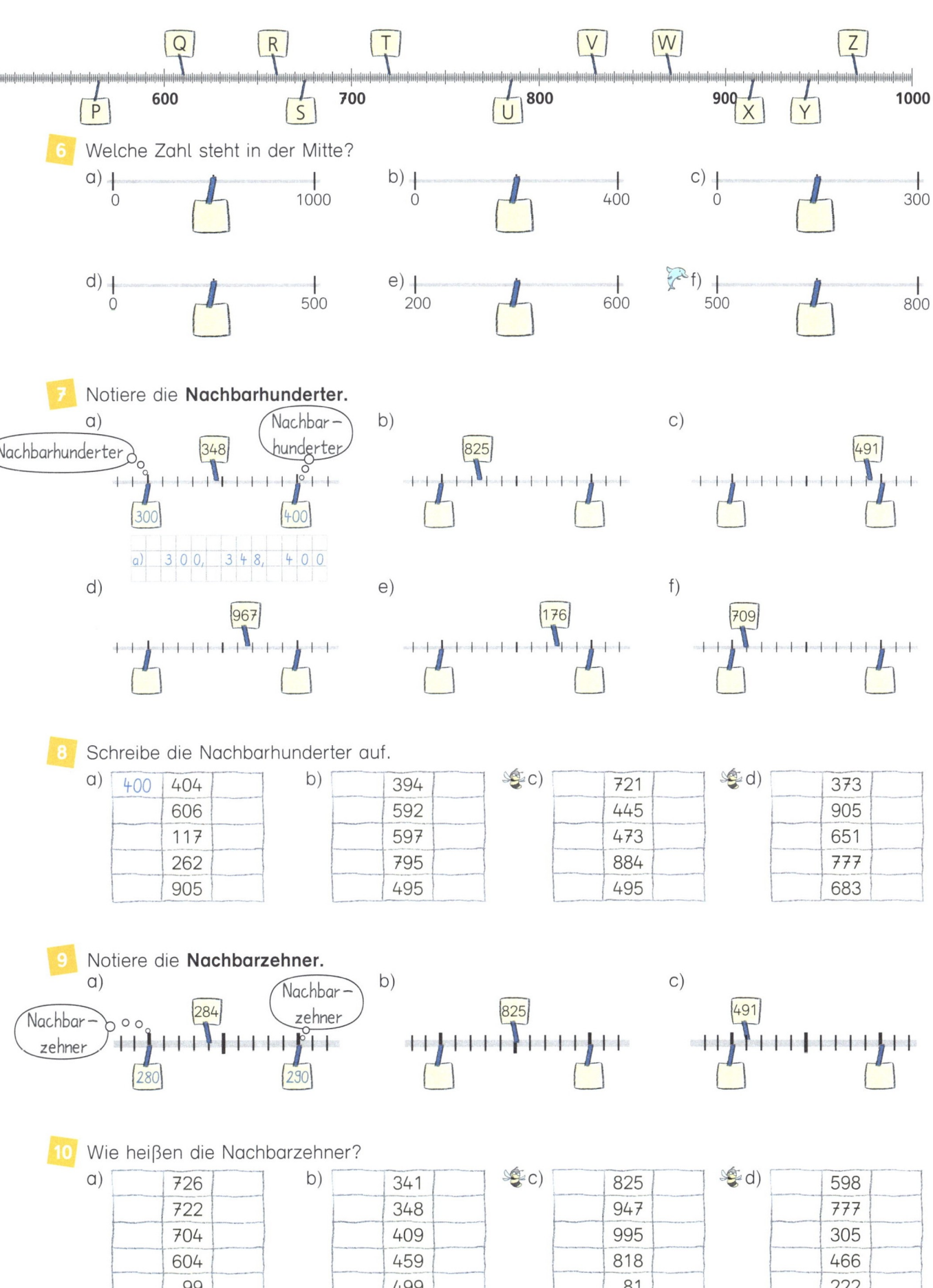

6 Welche Zahl steht in der Mitte?

a) 0 ... 1000
b) 0 ... 400
c) 0 ... 300
d) 0 ... 500
e) 200 ... 600
f) 500 ... 800

7 Notiere die **Nachbarhunderter.**

a) Nachbarhunderter — 348 — Nachbarhunderter 300 ... 400

a) 3 0 0, 3 4 8, 4 0 0

b) 825
c) 491
d) 967
e) 176
f) 709

8 Schreibe die Nachbarhunderter auf.

a)
400	404	
	606	
	117	
	262	
	905	

b)
	394	
	592	
	597	
	795	
	495	

c)
	721	
	445	
	473	
	884	
	495	

d)
	373	
	905	
	651	
	777	
	683	

9 Notiere die **Nachbarzehner.**

a) Nachbarzehner — 284 — Nachbarzehner 280 ... 290

b) 825
c) 491

10 Wie heißen die Nachbarzehner?

a)
	726	
	722	
	704	
	604	
	99	

b)
	341	
	348	
	409	
	459	
	499	

c)
	825	
	947	
	995	
	818	
	81	

d)
	598	
	777	
	305	
	466	
	222	

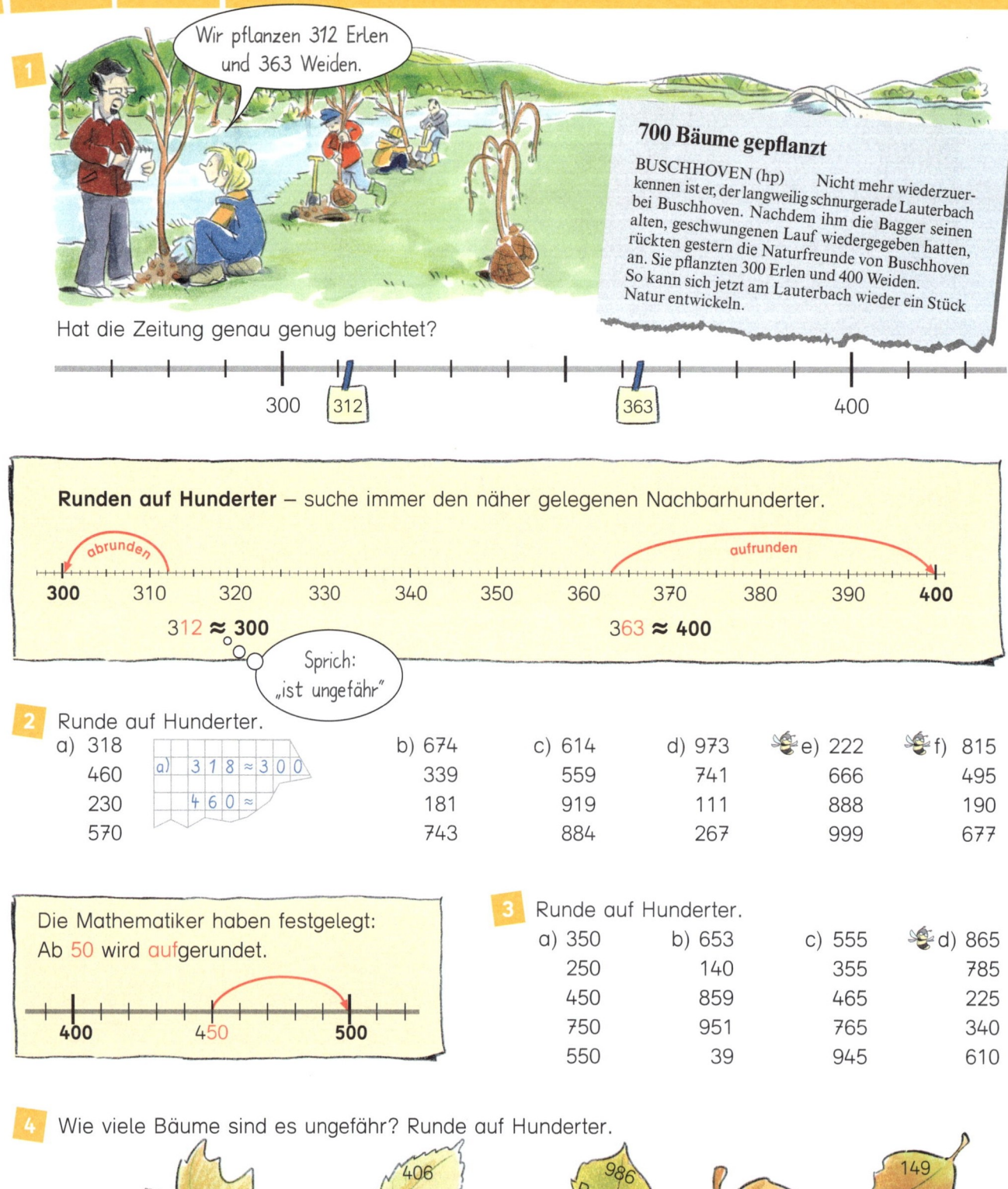

1 Wir pflanzen 312 Erlen und 363 Weiden.

700 Bäume gepflanzt

BUSCHHOVEN (hp)   Nicht mehr wiederzuerkennen ist er, der langweilig schnurgerade Lauterbach bei Buschhoven. Nachdem ihm die Bagger seinen alten, geschwungenen Lauf wiedergegeben hatten, rückten gestern die Naturfreunde von Buschhoven an. Sie pflanzten 300 Erlen und 400 Weiden. So kann sich jetzt am Lauterbach wieder ein Stück Natur entwickeln.

Hat die Zeitung genau genug berichtet?

300   312   363   400

Runden auf Hunderter – suche immer den näher gelegenen Nachbarhunderter.

abrunden   aufrunden

300   310   320   330   340   350   360   370   380   390   400

$312 \approx 300$ $363 \approx 400$

Sprich: „ist ungefähr"

2 Runde auf Hunderter.

a)	b)	c)	d)	e)	f)
318	674	614	973	222	815
460	339	559	741	666	495
230	181	919	111	888	190
570	743	884	267	999	677

a) $318 \approx 300$
$460 \approx$

Die Mathematiker haben festgelegt:
Ab 50 wird aufgerundet.

400   450   500

3 Runde auf Hunderter.

a)	b)	c)	d)
350	653	555	865
250	140	355	785
450	859	465	225
750	951	765	340
550	39	945	610

4 Wie viele Bäume sind es ungefähr? Runde auf Hunderter.

311 Platanen
406 Buchen
986 Pappeln
149 Erlen
275 Ahorne
336 Linden
383 Ulmen
82 Eichen
470 Weiden

5 Die Zeitung hat die Zahlen auf Hunderter gerundet. Wie viele Bäume sind es mindestens?

a) Im Kottenforst sind 200 Ulmen krank.

b) Im Stadtwald sollen etwa 400 Bäume gefällt werden.

c) Etwa 300 Straßenbäume müssen vom „Baumdoktor" untersucht werden.

1 Sprechweise für das Runden einführen. ≈ bedeutet zirka, ungefähr, rund, etwa.

1

a) Auf welche Zahlen hat die Redaktion gerundet?

b) Weshalb genügen gerundete Zahlen?

Runden auf Zehner – suche immer den näher gelegenen Nachbarzehner.

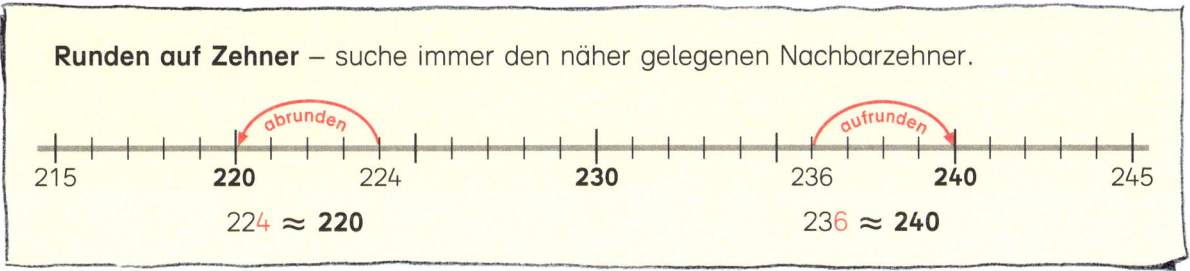

$224 \approx 220$ $236 \approx 240$

2 Das Osnabrücker Blatt möchte wissen, wie viele Kinder ungefähr in den Schulen sind.
Runde auf Zehnerzahlen.

Nordschule
227 Kinder

Kästnerschule
211 Kinder

Südschule
313 Kinder

Domschule
179 Kinder

Pestalozzischule
456 Kinder

Deine Schule
___ Kinder

Grundschule Mitte
233 Kinder

Die Nordschule hat rund ___ Kinder.

Die Mathematiker haben festgelegt:
Ab **5** wird **auf**gerundet.

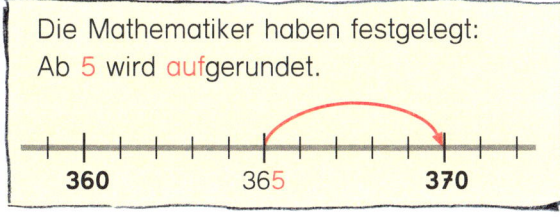

3 Runde auf Zehner.

a)		b)	c)
435	a) $435 \approx 440$	746	695
321	$321 \approx$	898	967
643		765	234
212		577	849
324		445	576

4 Runde auf Zehner.

a) 365	b) 215	c) 608	🐝 d) 446	🐝 e) 342	🐝 f) 888	🐝 g) 123
364	214	613	449	426	333	605
368	209	615	451	489	444	501
363	205	618	455	595	555	885

5 Die Zeitung hat die Zahlen auf Zehner gerundet. Wie viele Kinder sind es höchstens?

a)
Die Grundschule Laggenbeck
hat rund 440 Kinder.

b)
Die Michaelschule hat
ungefähr 370 Kinder.

c)
Die Ludwigschule
hat zirka 240 Kinder.

5 Mehrere Lösungen.

1 Die Kinder der Turmschule wurden gefragt, wie sie zur Schule kommen.

⚥ 10 Kinder

zu Fuß	⚥⚥⚥⚥⚥ ⚥⚥⚥⚥⚥
Bus oder Bahn	⚥⚥
Fahrrad	⚥⚥⚥
Auto	⚥⚥⚥⚥⚥

a) Ungefähr wie viele Kinder kommen mit dem Fahrrad zur Schule?

b) Wie kommen die meisten Kinder zur Schule?

c) Ungefähr wie viele Kinder kommen **nicht** zu Fuß zur Schule?

d) Ungefähr wie viele Kinder gehen in die Turmschule?

🐝 e) Findet weitere Fragen und beantwortet sie.

2 Die Regenbogenschule hat ebenfalls ihre Kinder befragt, wie sie zur Schule kommen.

a) Rundet die Anzahlen der Kinder auf Zehner.

| zu Fuß: 85 Kinder | Fahrrad: 41 Kinder |
| Auto: 63 Kinder | Bus oder Bahn: 17 Kinder |

b) Zeichnet ein **Schaubild.**

Wie kommst du zur Schule?

Ich gehe zu Fuß.

3 Wie kommt ihr zur Schule? Führt eine Umfrage an eurer Schule durch.

4 Das sind die Besucherzahlen der Bücherei Heepen.

a) Lest die gerundeten Zahlen ab und notiert.

b) An welchem Tag waren keine Besucher da? Begründet.

c) An welchem Tag waren doppelt so viele Besucher da wie am Mittwoch?

d) An welchem Tag waren es zehn Besucher mehr als am Mittwoch?

e) Wie viele Besucher waren es insgesamt in der Woche?

⚥ 10 Kinder

Montag	⚥⚥⚥
Dienstag	⚥⚥
Mittwoch	⚥⚥⚥⚥
Donnerstag	⚥⚥
Freitag	⚥⚥⚥⚥⚥ ⚥⚥⚥
Samstag	⚥⚥⚥⚥⚥
Sonntag	———

W

5 a) 27 : 3	b) 21 : 5	c) 32 : 8
28 : 3	23 : 5	37 : 8
29 : 3	26 : 5	58 : 8
21 : 3	25 : 5	72 : 8
20 : 3	32 : 5	77 : 8
19 : 3	30 : 5	81 : 8

6 a) 22 : 7	b) 13 : 4	c) 27 : 9
34 : 7	18 : 4	28 : 9
42 : 7	21 : 4	39 : 9
52 : 7	30 : 4	63 : 9
56 : 7	43 : 4	64 : 9
59 : 7	36 : 4	74 : 9

Daten einem Schaubild entnehmen und Daten in einem Schaubild darstellen.
5 und **6** Dividieren mit und ohne Rest.

7 Besucherzahlen der Bücherei Südstadt.

Monat	Jan	Feb	März	Apr	Mai	Juni	Juli	Aug	Sep	Okt	Nov	Dez
Besucher	220	210	230	180	140	120	170	0	100	180	250	230

a) Beschreibt. Findet ihr eine Erklärung für die unterschiedlichen Besucherzahlen?

b) Am Ende des Jahres werden die Zahlen in einem **Säulendiagramm** dargestellt.

Zeichnet das Säulendiagramm für das ganze Jahr.

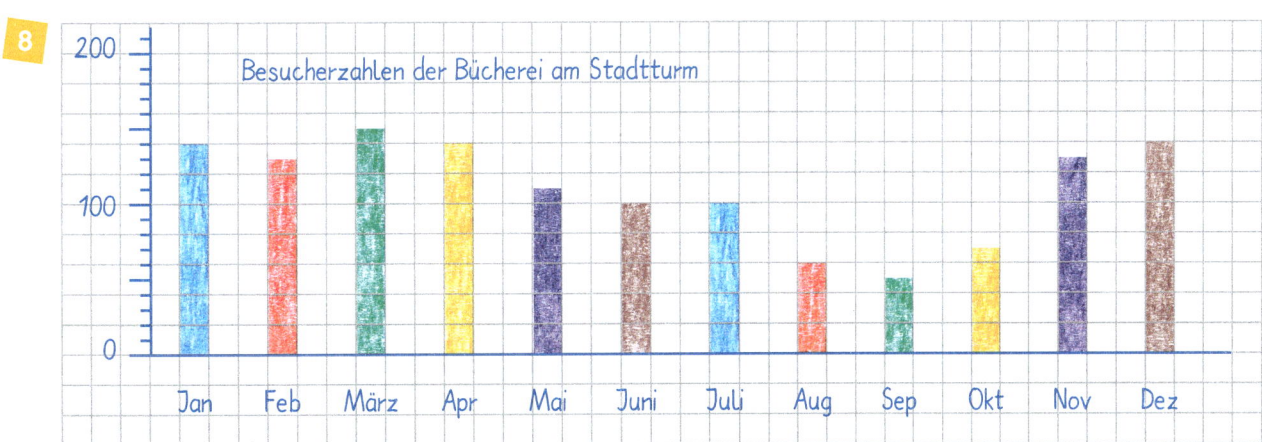

Legt zu diesem Säulendiagramm eine Tabelle an.

Monat	Januar	Februar
Besucher	140	

W

9

Rechne. Setze das Muster fort.

Beschreibe, wie sich die Zahlenmauern verändern.

1 Welche Preise könnten passen?

A

5 €

B

200 €

C

1 €

400 €

D

40 €

2 Findet heraus, wie viel die Gegenstände ungefähr kosten.
a) eine Schultasche   b) eine CD   c) ein Buch
d) ein Computer   e) eine Tischtennisplatte   f) ein Skateboard

3 Findet Gegenstände, die ungefähr so viel kosten.
a) 100 €   b) 250 €   c) 400 €   d) 600 €   e) 1 000 €

4 Wie viel Geld ist es insgesamt?

Andere Euroscheine gibt es nicht.

5 Wie viel Geld ist es jeweils?

a)   b)   c)   d)

e)   f)   g)   h)

6 Lege Scheine und Münzen. Zeichne.

a) 410 €   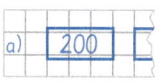 a) 200   b) 510 €   c) 560 €   d) 1000 €

e) 492 €   f) 999 €   g) 366 €   h) 714 €   i) 822 €

1 Ein überzähliges Kärtchen. **2** und **3** Prospekte, Kataloge oder Internet nutzen. In Geschäften forschen.
6 Mehrere Möglichkeiten.

1

„Ich habe 220 €. Es sind nur Scheine."

a) Wie viele Scheine können es sein? Findet verschiedene Möglichkeiten.

b) Wie viele Scheine sind es mindestens?

c) Wie viele Scheine sind es höchstens?

2 Legt und zeichnet Scheine. Findet verschiedene Möglichkeiten.

a) 100 €   b) 300 €   c) 250 €   d) 600 €   e) 280 €

3 Legt möglichst wenig Scheine und Münzen. Zeichnet.

a) 175 €   b) 463 €   c) 527 €   d) 707 €   e) 136 €

f) 399 €   g) 900 €   h) 666 €   i) 328 €   j) 998 €

4 Könnt ihr diesen Geldbetrag so legen?

500 €

a) mit einem Schein   b) mit zwei Scheinen   c) mit drei Scheinen
d) mit vier Scheinen   e) mit fünf Scheinen   f) mit sechs Scheinen

5 Könnt ihr diese Geldbeträge so legen?

a) 900 € mit 3 Scheinen, mit 2 Scheinen

b) 800 € mit 4 Scheinen, mit 3 Scheinen

c) 280 € mit 3 Scheinen, mit 4 Scheinen

d) 600 € mit 3 Scheinen, mit 4 Scheinen

e) 105 € mit 3 Scheinen, mit 4 Scheinen

f) 550 € mit 3 Scheinen, mit 4 Scheinen

6  Kann das stimmen?

a) „Ich kann mit zwei Geldscheinen 110 € legen."

b) „Ich kann mit zwei Geldscheinen 50 € legen."

c) „Ich habe vier Geldscheine. Der Gesamtwert ist geringer als 200 €."

d) „Ich kann 1000 € mit einem Geldschein legen."

e) „Ich habe fünf Geldscheine. Der Gesamtwert liegt zwischen 500 € und 1000 €."

W

7 Ergänze die Zahlenfolgen.

a) 7, 14, 21, ___, ___, 42

b) 18, 27, 36, ___, 54, ___

c) 28, 32, 36, ___, ___, 48

d) 18, 24, 30, ___, 42, ___

e) 72, 64, 56, ___, 40, ___

f) 81, 72, 63, ___, ___, 36

g) 55, 50, 45, ___, 35, ___

h) 36, 33, 30, ___, ___, 21

i) 90, 75, 60, ___, 30, ___

j) 80, 69, 58, ___, ___, 25

k) 70, 58, 46, ___, 22, ___

l) 100, 86, 72, ___, ___, 30

Aufgaben mit Rechengeld lösen. **5** Zum Teil nicht lösbar, zum Teil mehrere Lösungen.
6 c) und e) Mehrere Lösungen.

1 Die Kinder wollen für ein Klassenfrühstück Brötchen kaufen.

a) Welches Angebot ist billiger?
Begründet.

b) Wie haben die Bäckereien die
Preise aufgeschrieben? Vergleicht.

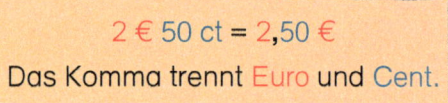

2 € 50 ct = 2,50 €

Das Komma trennt Euro und Cent.

BÄCKEREI Lange
20 Stück
4,50 €

BACK STERN
10 Stück
2 € 50 ct

---

2 Schreibe alle Beträge mit Komma.

a)

Euro	Cent	
	Zehner	Einer
3	2	1
		5
5		6
	7	5
4		7
1	2	3
1		

3 € 21 ct

3,21 €

a) 3,21 €
0,05 €

Euro	Cent	
	Zehner	Einer
		6
43		
5	9	8
17	5	
52	9	5
71		
	6	6

---

3 Lege jeden Geldbetrag und trage in eine Tabelle ein.

a) 2 € 60 ct   b) 10 € 5 ct   c) 5 € 50 ct   d) 7 € 10 ct   e) 11 € 95 ct

---

4 Schreibe mit Komma.

a) 3 € 40 ct
   3 € 5 ct
   3 € 45 ct
   6 € 20 ct
   9 € 30 ct

a) 3,40 €
3,0

b) 12 € 30 ct
   12 € 1 ct
   80 € 27 ct
   80 € 7 ct
   82 € 17 ct

c) 20 € 4 ct
   20 € 10 ct
   2 € 14 ct
   21 € 40 ct
   21 € 14 ct

d) 87 €
   7 €
   80 €
   807 €
   870 €

e) 77 ct
   7 ct
   70 ct
   17 ct
   1 ct

---

5 Schreibe als € und ct.

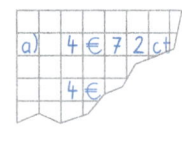

4 Euro 72 Cent

a) 4,72 €
   4,70 €
   4,02 €
   47,20 €

a) 4 € 72 ct
4 €

b) 63,75 €
   63,05 €
   60,70 €
   67,00 €

c) 202,01 €
   22,10 €
   2,02 €
   122,21 €

d) 15,00 €
   105,00 €
   50,00 €
   999,00 €

e) 840 ct
   804 ct
   1000 ct
   999 ct

---

6 Ordne nach dem Wert. Beginne mit dem kleinsten Betrag.

a)

5 € 5 ct   55 ct   5,50 €   55 €

b)

8,40 €   0,84 €   84 €   8 € 14 ct

c)
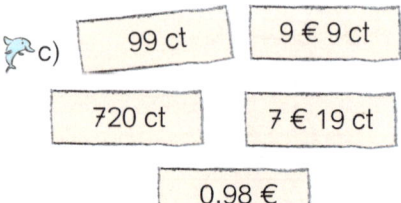
99 ct   9 € 9 ct   720 ct   7 € 19 ct   0,98 €

---

1 Wie viele Holzwürfel sind es? Rechnet geschickt.

 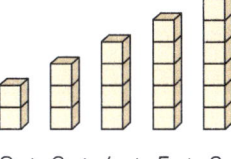

Ich ordne so um, dass alle Türme gleich hoch sind.

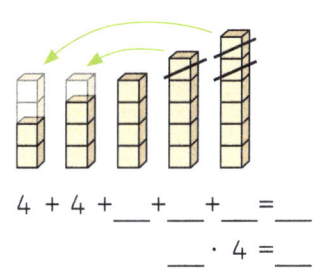

2 + 3 + 4 + 5 + 6

4 + 4 + __ + __ + __ = __

__ · 4 = __

2 Ordnet um. Rechnet geschickt.

a)

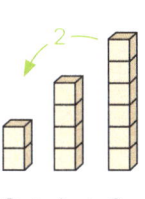

2 + 4 + 6

b)

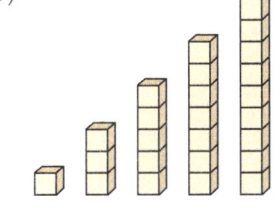

1 + 3 + 5 + 7 + 9

 c)

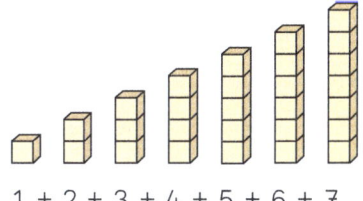

1 + 2 + 3 + 4 + 5 + 6 + 7

3 Erfindet selbst ein solches Muster. Was müsst ihr beachten?

4
a) 2 + 1 + 0 = 3 · 1 = __
   3 + 2 + 1 = 3 · 2 = __
   4 + 3 + 2 = 3 · 3 = __

b) 0 + 2 + 4 = 3 · 2 = __
   1 + 3 + 5 = 3 · 3 = __
   2 + 4 + 6 = 3 · 4 = __

c) 1 + 2 + 3 + 4 + 5 = 5 · 3 = __
   2 + 3 + 4 + 5 + 6 = 5 · 4 = __
   3 + 4 + 5 + 6 + 7 = 5 · __ = __

5
a) 5 + 4 + 3 = 3 · 4 = __
   6 + 5 + 4 = 3 · 5 = __
   7 + 6 + 5 = 3 · __ = __
   8 + __ + __ = 3 · __ = __

b) 3 + 5 + 7 = 3 · 5 = __
   4 + 6 + 8 = 3 · 6 = __
   5 + 7 + 9 = 3 · __ = __
   6 + __ + __ = 3 · __ = __

c) 4 + 5 + 6 + 7 + 8 = 5 · 6 = __
   5 + 6 + 7 + 8 + 9 = 5 · 7 = __
   6 + 7 + 8 + 9 + 10 = 5 · __ = __
   7 + __ + __ + __ + __ = 5 · __ = __

6 Wer ist wer? Ordne die Hobbies zu.

zum Knobeln

Das Kind in der Mitte spielt Tennis.
Ole spielt Fußball und steht nicht neben Marie.
Ein Kind singt im Chor und steht neben Jan.

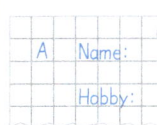

A | Name:
   | Hobby:

A  B  C

W

7 Welche Rechenzeichen passen? ⊕ ⊖ ⦂ ·

a) 5 ◯ 5 = 0
   5 ◯ 5 = 25
   5 ◯ 5 = 1
   5 ◯ 5 = 10

b) 9 ◯ 9 = 81
   9 ◯ 9 = 18
   9 ◯ 9 = 1
   9 ◯ 9 = 0

c) 10 ◯ 10 = 0
   10 ◯ 10 = 1
   10 ◯ 10 = 20
   10 ◯ 10 = 100

d) 18 ◯ 6 = 3
   18 ◯ 6 = 12
   18 ◯ 18 = 36
   18 ◯ 18 = 1

1 bis 3 Bauen und reflektieren.
1 bis 5 Auf den mittleren Summanden achten. 5 Fortsetzen. 6 Logical.

1 Lege und addiere.

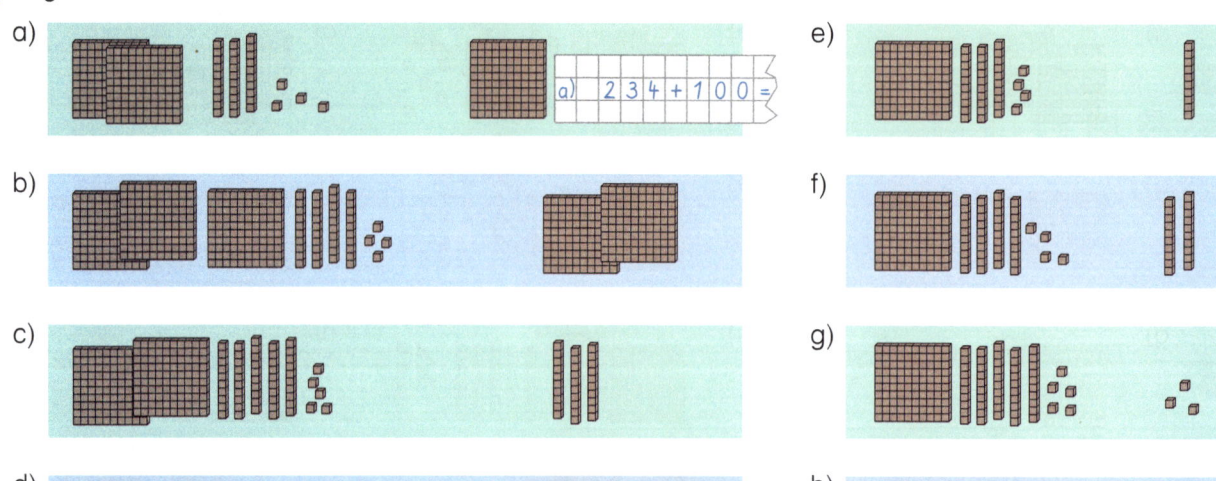

a)

b)

c)

d)

e)

f)

g)

h)

a) 2 3 4 + 1 0 0 =

2 Zeichne und addiere.

starke
Päckchen
?

a) 132 + 200
   132 + 20
   132 + 2

a) ▢ΙΙΙΙ : ▢▢
1 3 2 + 2 0 0 =

b) 257 + 300
   257 + 30
   257 + 3

c) 631 + 400
   631 + 40
   631 + 4

d) 269 + 300
   269 + 60
   269 + 7

e) 463 + 300
   463 + 400
   463 + 500

f) 348 + 400
   348 + 500
   348 + 600

g) 475 + 10
   475 + 20
   475 + 30

h) 187 + 4
   187 + 6
   187 + 8

i) 175 + 20
   175 + 40
   175 + 70

3 a) 235 + 4
   235 + 30
   235 + 34

b) 400 + 200
   30 + 50
   430 + 250

c) 345 + 400
   345 + 50
   345 + 450

d) 200 + 600
   80 + 50
   280 + 650

e) 217 + 300
   217 + 4
   217 + 304

f) 100 + 500
   80 + 40
   180 + 540

g) 156 + 80
   156 + 7
   156 + 87

h) 300 + 40
   70 + 5
   370 + 45

i) 177 + 200
   177 + 8
   177 + 208

j) 100 + 600
   86 + 70
   186 + 670

4

addieren
$\underbrace{150 + 43}_{\text{Summe}} = \underbrace{193}_{\text{Summe}}$

Schreibe die passende Rechnung auf.

a) Addiere die Zahlen 720 und 60.
Welche Summe erhältst du?

b) Wie groß ist die Summe aus den
Zahlen 460 und 20?

c) Welche Zahl musst du zu 250 addieren,
um 300 als Summe zu erhalten?

d) Welche Zahl musst du zu 900 addieren,
um 1 000 als Summe zu erhalten?

e) Zu welcher Zahl musst du 150 addieren,
um 180 als Summe zu erhalten?

f) Addiere zu 200 das Doppelte
der Zahl 400. Wie groß ist die Summe?

g) Addiere zu 160 die Hälfte der Zahl 180. Welche Summe erhältst du?

3 Diff.: Material legen und evtl. nur jeweils zur letzten Aufgabe zeichnen.

1 Lege und subtrahiere.

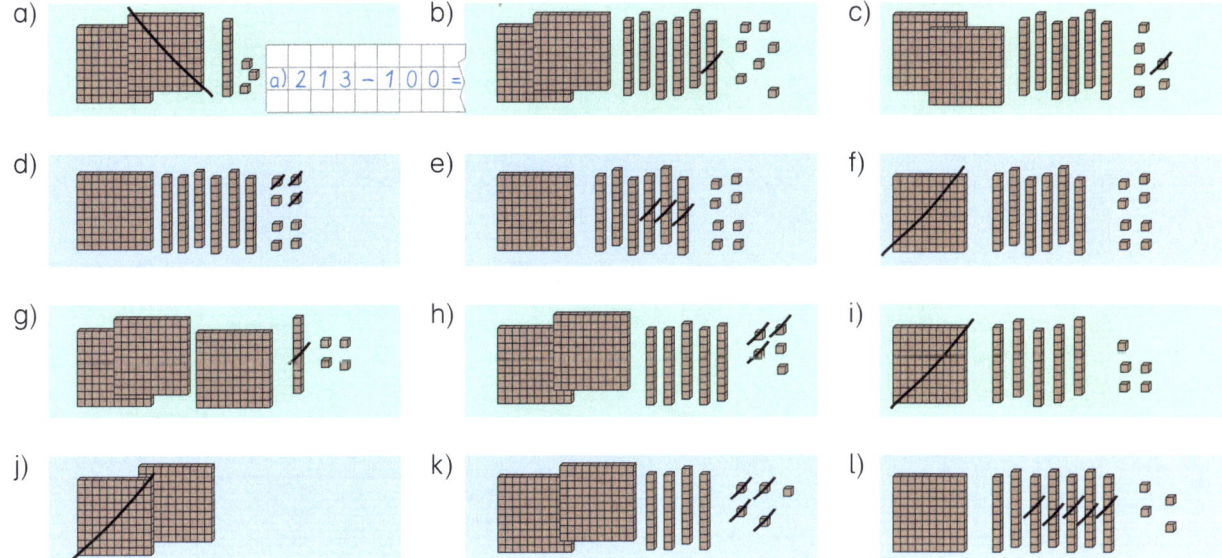

a) 213 – 100 =

2 Zeichne, streiche durch und subtrahiere.

a) 334 – 200
334 – 20
334 – 2

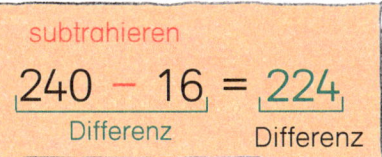

a) 334 – 200 =

b) 342 – 300
342 – 30
342 – 3

c) 468 – 2
468 – 20
468 – 200

d) 678 – 5
678 – 50
678 – 500

e) 486 – 30
486 – 60
486 – 90

f) 734 – 300
734 – 400
734 – 500

g) 347 – 100
347 – 200
347 – 300

h) 654 – 30
654 – 50
654 – 60

i) 157 – 4
157 – 5
157 – 9

3 a) 789 – 300
789 – 40
789 – 340

b) 600 – 200
80 – 40
680 – 240

c) 843 – 4
843 – 20
843 – 24

d) 700 – 300
81 – 40
781 – 340

e) 617 – 300
617 – 4
617 – 304

f) 900 – 500
70 – 13
970 – 513

g) 789 – 500
789 – 30
789 – 530

h) 300 – 90
80 – 5
380 – 95

i) 877 – 300
877 – 8
877 – 308

j) 300 – 100
150 – 70
450 – 170

4

> subtrahieren
>
> 240 – 16 = 224
> Differenz   Differenz

Schreibe die passende Rechnung auf.

a) Subtrahiere die Zahl 40 von der Zahl 380. Welche Differenz erhältst du?

b) Subtrahiere die Zahl 300 von der Zahl 1000. Welche Differenz erhältst du?

c) Welche Zahl musst du von 512 subtrahieren, um die Differenz 500 zu erhalten?

d) Welche Zahl musst du von 950 subtrahieren, um die Differenz 40 zu erhalten?

e) Von welcher Zahl musst du 30 subtrahieren, um die Differenz 600 zu erhalten?

f) Subtrahiere von der Zahl 70 die Hälfte der Zahl 40. Welche Differenz erhältst du?

g) Subtrahiere von 320 die Summe aus den Zahlen 50 und 90. Welche Differenz erhältst du?

3 Diff.: Material legen und evtl. nur jeweils zur letzten Aufgabe zeichnen.

1

487 + 326

487 + 326… Das ist schwierig!

Ungefähr 800, denn 500 + 300 = 800.

Wie kommt Sofie auf 500 und 300?

Welchen Überschlag kannst du gut im Kopf rechnen?

 Rechen-konferenz

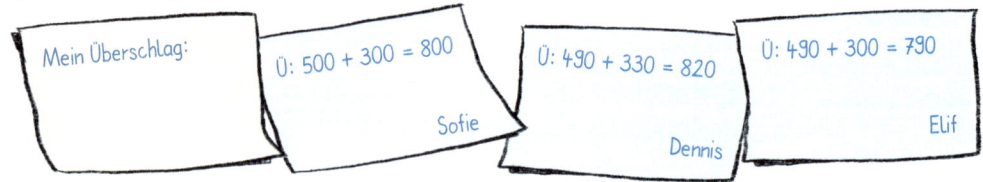

Mein Überschlag:

Ü: 500 + 300 = 800
Sofie

Ü: 490 + 330 = 820
Dennis

Ü: 490 + 300 = 790
Elif

2 Prüfe durch Überschlagen: Welches Ergebnis könnte stimmen?

a) 242 + 47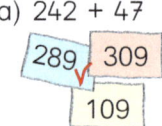
289 ✓ 309
109

a) Ü: 240 + 50 = 290
289 könnte stimmen.

b) 814 + 58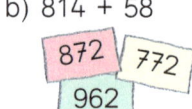
872 772
962

c) 198 + 44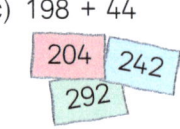
204 242
292

d) 58 + 87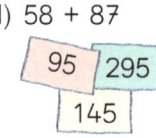
95 295
145

e) 568 + 79
547 797
647

f) 446 + 53
519 409
499

g) 113 + 78
191 178
213

h) 342 + 67
429 299
409

i) 317 + 22
309 369
339

3 Rechne nur den Überschlag.

a) 348 + 124   a) Ü: 350 + 120 = 470
   619 + 51
   742 + 38
   149 + 689
   275 + 463

b) 286 + 318
   113 + 58
   573 + 288
   483 + 187
   364 + 528

c) 434 + 382
   446 + 253
   227 + 78
   836 + 95
   555 + 438

d) 126 + 78
   568 + 379
   333 + 144
   742 + 189
   667 + 265

4 Prüfe durch Überschlagen: Welches Ergebnis könnte stimmen?

a) 517 − 231
386 216
286

b) 618 − 385
133 333
233

c) 749 − 234
615 515
415

d) 619 − 358
261 361
351

e) 945 − 384
401 641
561

f) 675 − 489
136 186
286

g) 926 − 318
608 658
508

h) 417 − 98
219 319
399

i) 748 − 245
503 403
603

j) 332 − 187
205 45
145

5 Rechne nur den Überschlag.

a) 738 − 245
   329 − 171
   951 − 389
   362 − 142
   485 − 216

b) 387 − 298
   513 − 58
   973 − 288
   983 − 187
   824 − 431

c) 473 − 285
   643 − 157
   267 − 88
   826 − 75
   772 − 393

d) 166 − 87
   548 − 379
   631 − 154
   942 − 189
   869 − 281

e) 417 − 69
   538 − 113
   675 − 189
   498 − 204
   749 − 95

Unterschiedliche Überschläge möglich – auch außerhalb normierter Rundungsregeln.

Schrank
268,–

Schreibtisch
188,–

Moskitonetz
28,–

Hochbett
489,–

Regal
115,–

Stuhl
79,–

Bett 345,–

1 Du hast 800 €. Was würdest du kaufen?
Überschlage, wofür das Geld reicht.
Vergleicht miteinander.

2 Ben möchte gern ein Hochbett und einen Stuhl kaufen. Er hat 600 € auf seinem Sparbuch.
Reicht das Geld?
a) Entscheidet, wie ihr rechnen wollt. Begründet.

A Erst geteilt, dann minus.   B Erst plus, dann minus.   C Das kann man nicht rechnen.

b) Rechnet nur den Überschlag.

3 Lara möchte einen neuen Schreibtisch.
Oma gibt ihr 90 € dazu. Auf ihrem Sparbuch hat Lara 83 €.
Reicht das Geld?
a) Entscheidet, wie ihr rechnen wollt. Begründet.

A Erst plus, dann wieder plus.   B Erst plus, dann minus.   C Das kann man nicht rechnen.

b) Rechnet nur den Überschlag.

 4 Familie Thiele hat 400 € zur Verfügung.
Johanna bekommt einen Stuhl. Paula erhält ein neues Regal.
Wie viel Geld bleibt übrig?
a) Entscheidet, wie ihr rechnen wollt. Begründet.

A Erst minus, dann plus.   B Erst minus, dann wieder minus.   C Das kann man nicht rechnen.

b) Rechnet nur den Überschlag.

 5 Tim möchte ein neues Regal und ein Moskitonetz kaufen.
Reicht das Geld?
Entscheidet, wie ihr rechnen wollt. Begründet.

A Erst plus, dann wieder plus.   B Erst minus, dann plus.   C Das kann man nicht rechnen.

6 Erfindet jeweils eine Rechengeschichte.
a) Erst plus, dann minus. b) Erst minus, dann wieder minus. c) Das kann man nicht rechnen.

 1 Offene Aufgabe. 2 bis 4 Passende Rechenoperationen finden.

1

Mein Weg: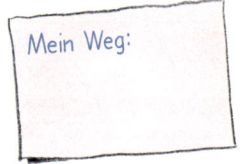

350 + 30 = 380
5 + 8 = 13
380 + 13 = 393
Lea

355 + 30 = 385
385 + 8 = 393
Lukas

2 Rechne auf deinem Weg.
a) 263 + 58   b) 627 + 85   c) 472 + 180   d) 745 + 109   e) 478 + 63

3 Rechne auf deinem Weg.

a) 157 + 26
157 + 37
157 + 39

245 + 16
245 + 26
245 + 36

b) 146 + 62
146 + 72
146 + 73

145 + 73
147 + 72
149 + 70

c) 237 + 104
237 + 105
337 + 105

537 + 106
537 + 105
437 + 204

d) 258 + 260
257 + 270
457 + 250

457 + 260
457 + 280
457 + 270

e) 525 + 157
525 + 277
535 + 367

635 + 167
635 + 257
735 + 77

4

a)
133 + 50
133 + 60
133 + 70
133 + ___
___ + ___

b)
562 + 120
562 + 130
562 + 140
562 + ___
___ + ___

c)
272 + 608
372 + 507
472 + 406
572 + ___
___ + ___

d)
443 + 125
443 + 150
443 + 175
443 + ___
___ + ___

e) Beschreibe Päckchen c).

„Die erste Zahl _____ .
Die zweite Zahl _____ .
Deshalb wird die Summe immer um _____ ."

f) Sucht andere Päckchen aus und beschreibt sie euch gegenseitig.

5 Kombiniere: Von jeder Farbe eine Karte. Immer das gleiche Ergebnis.

a) 526 21 10
555 25 40 600
569 34 20

b) 174 52 340
435 66 560 800
328 25 420

c) 278 65 640
357 146 271 1000
583 82 578

W

6 a)       b)

1 Verschiedene Rechenwege beim Addieren vergleichen.
2 bis **5** Auf eigenen Wegen schrittweise addieren. **6** Dividieren mit und ohne Rest.

1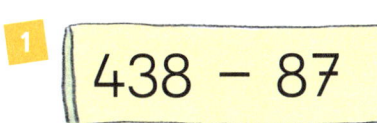

Mein Weg:		
	438 − 80 = 358	438 − 90 = 348
	358 − 7 = 351	348 + 3 = 351
	Jan	Merle

2 Rechne auf deinem Weg.

a) 543 − 68   b) 584 − 97   c) 561 − 74   d) 936 − 307   e) 718 − 150

3 Rechne auf deinem Weg.

a)	b)	c)	d)	e)
457 − 26	650 − 48	236 − 150	683 − 102	625 − 118
447 − 36	660 − 28	236 − 140	683 − 206	625 − 117
427 − 16	670 − 19	436 − 120	683 − 207	635 − 117
342 − 15	434 − 63	857 − 110	785 − 206	735 − 216
342 − 14	134 − 65	857 − 130	785 − 207	735 − 217
342 − 17	213 − 76	657 − 160	973 − 407	835 − 217

4

a)	b)	c)	d)
486 − 52	685 − 74	863 − 106	379 − 178
486 − 54	784 − 73	863 − 206	379 − 173
486 − 56	883 − 72	863 − 306	379 − 168
486 − ___	982 − ___	863 − ___	379 − ___
___ − ___	___ − ___	___ − ___	___ − ___

e) Welches Päckchen beschreibt Franz? Ergänze.

„Die erste Zahl wird immer um 99 größer.
Die zweite Zahl wird immer um 1 kleiner.
Deshalb wird die Differenz immer um _____ ."

 f) Sucht andere Päckchen aus. Beschreibt sie euch gegenseitig.

5  Lisa beschreibt ihr Päckchen so:

746 − 23
___ − ___
___ − ___
___ − ___

„Die erste Zahl wird immer um 1 kleiner.
Die zweite Zahl wird immer um 2 größer.
Deshalb wird die Differenz immer um 3 kleiner."

Setze Lisas Päckchen fort. Rechne.

W

6 a)  36 40 41 64 5 8 7   b)  48 50 63 7 6 9

1 a) Finde die Zauberzahlen. Erkennst du ein Muster? Setze fort.

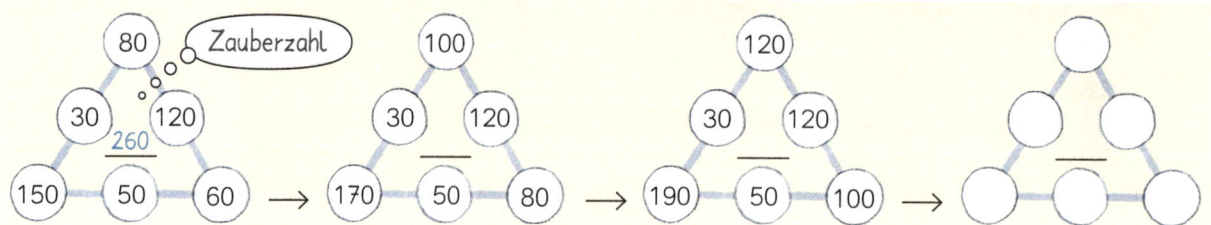

b) Beschreibt, wie sich die Zauberdreiecke verändern.
„Die Eckzahlen werden jeweils _____ .
Deshalb wird die Zauberzahl jeweils _____ .“

2 a)

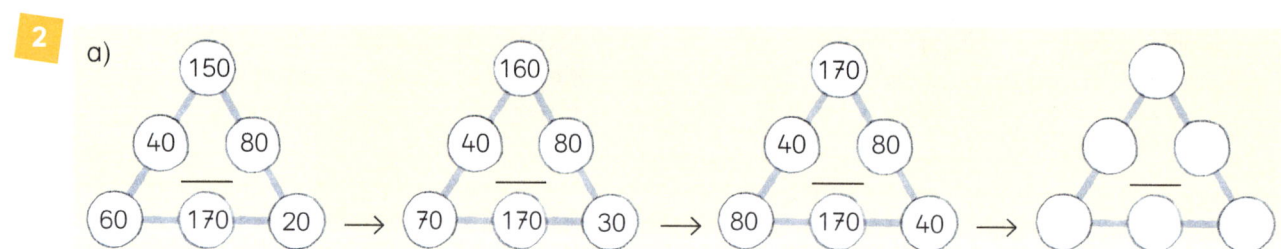

b) Beschreibe und erkläre, wie sich die Zauberdreiecke verändern.

3 Kian beschreibt das Muster so:

„Die Eckzahlen werden jeweils um 50 größer.
Deshalb werden die Zauberzahlen jeweils um 100 größer.“

Setze Kians Muster fort. Rechne.

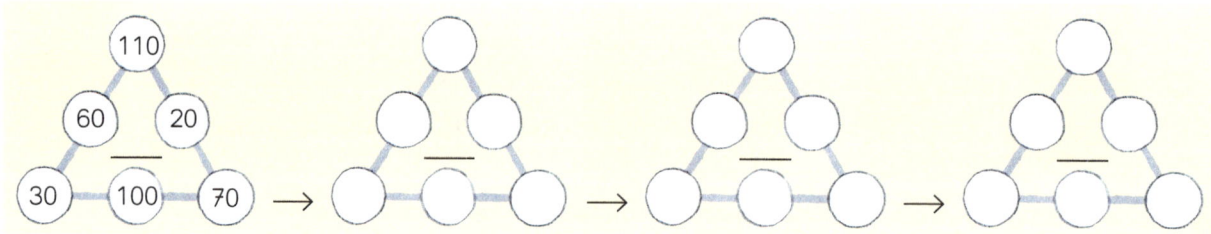

4 Erfinde ein eigenes Muster aus Zauberdreiecken. Rechne. Beschreibe.

W

5 In jeder Rechentafel sind fünf Fehler. Rechne richtig.

a)

·	10	5	4
2	20	10	40
4	50	20	16
8	80	40	33
7	70	45	27

a) | 2 · 5 = 1 0 |

b)

·	3	6	9
4	14	24	36
7	21	45	73
9	27	46	81
8	24	48	82

c)

·	6	7	8
3	18	23	24
6	26	42	48
9	54	63	56
7	42	47	54

Dieses Bild hat Paul Klee 1928 gemalt.

Er nannte es „Burg und Sonne".

Ich sehe unter der Sonne ein großes Rechteck.

1 a) Welche Formen hat der Künstler verwendet?

b) Stellt euch weitere Suchaufgaben.

D

2 Diese Ausschnitte sind vergrößert. Sucht sie im Bild.

A

B

C

3 Suche die Ausschnitte im Bild. Zeichne ab und male sie entsprechend an.

A 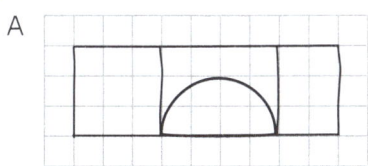   B 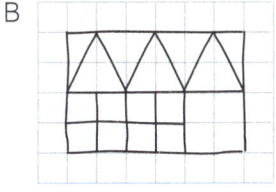   C 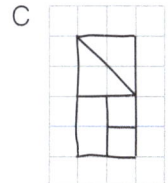   D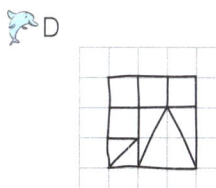

E 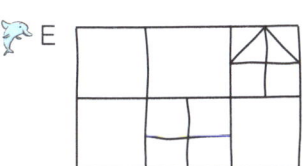   F 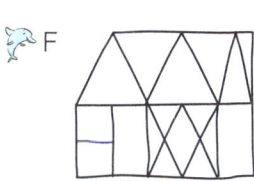   G 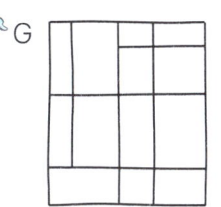   H

3 Freihandzeichnung: Karo- oder Blankopapier verwenden.

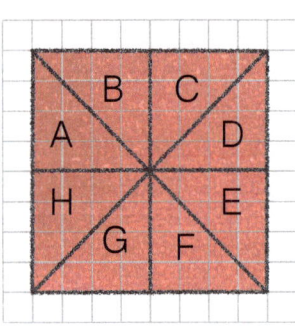

 1 a) Zeichnet und zerschneidet das Quadrat.

b) Legt mit den acht Dreiecken weitere Figuren. Lasst andere Kinder eure Figuren nachlegen.

c) Gestaltet gemeinsam ein Bild.

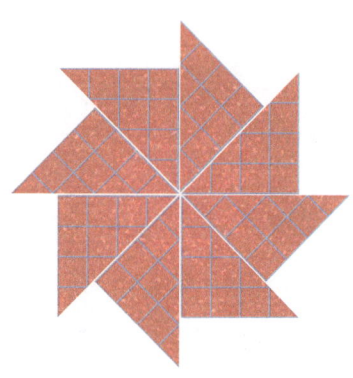

2 Aus dem roten Quadrat haben die Kinder diese Figuren gelegt und anschließend gezeichnet.

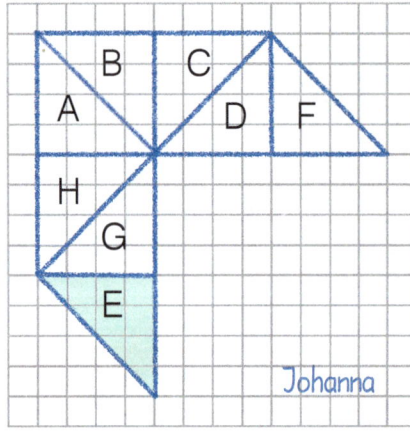

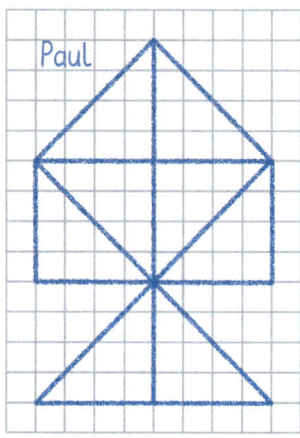

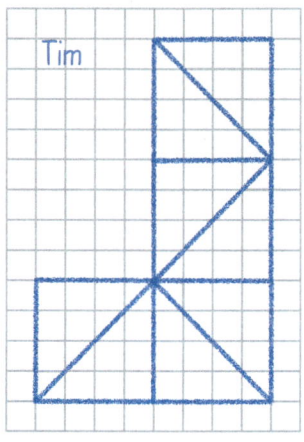

a) Zeichne die Figuren der Kinder. Färbe die verschobenen Dreiecke grün.

b) Zeichne eigene Figuren.

 **3** Lege mit diesen vier gleich großen Dreiecken verschiedene Vierecke. Wie viele Möglichkeiten gibt es? Zeichne.

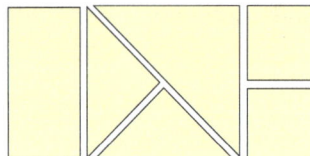

4 Lennart hat nur diese Vierecke und Dreiecke. Welche dieser Figuren kann er damit **nicht** nachlegen? Begründet.

A

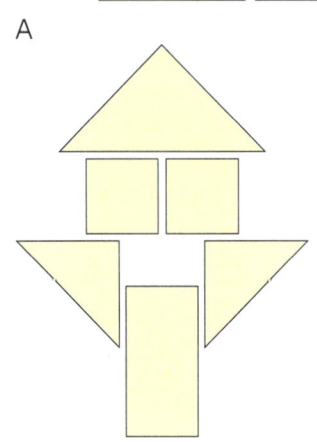

B

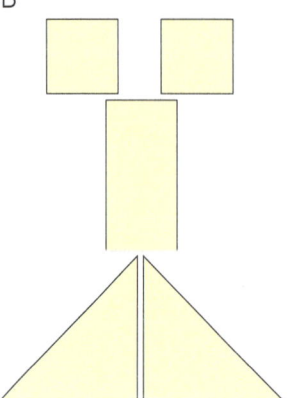

C

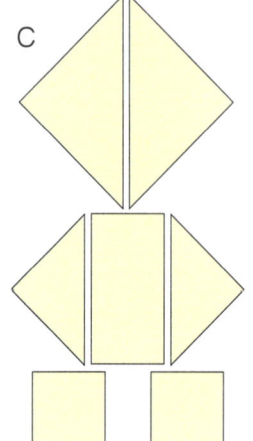

D

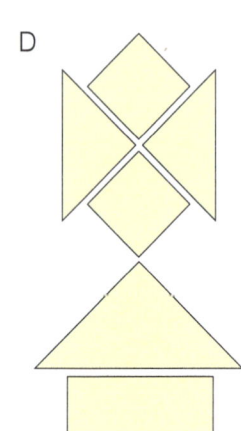

1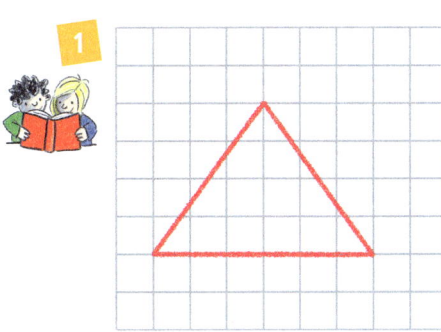

Die Kinder haben das Dreieck abgezeichnet.

 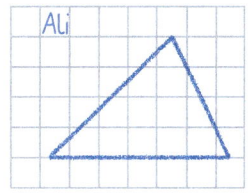 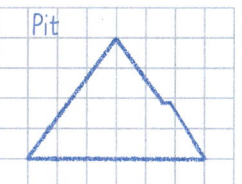

Welche Zeichnung ist genau? Zeichnet selbst.

2 Zeichne mit dem Lineal.

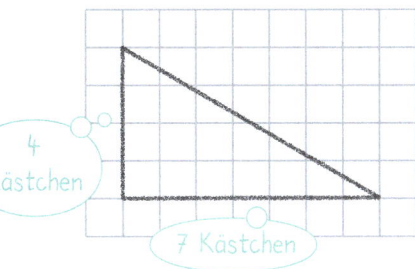

Sind die Kästchen richtig gezählt?
Liegen die Eckpunkte genau im Gitternetz?

Ist Platz für
die Bleistiftspitze?

3 Zeichne mit Lineal und spitzem Bleistift.

a) 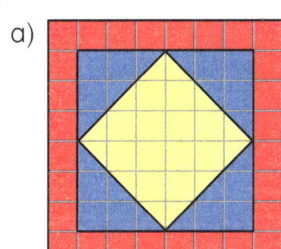 b) 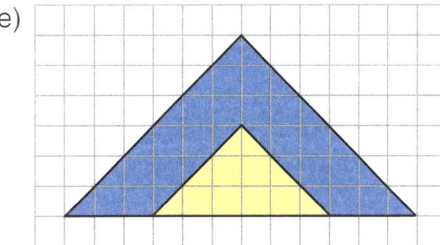 c)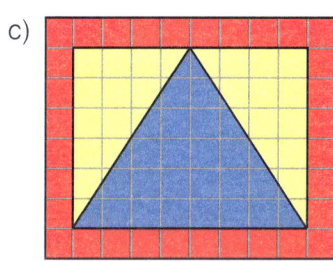

d) 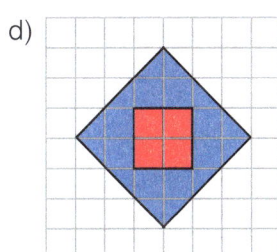 e) 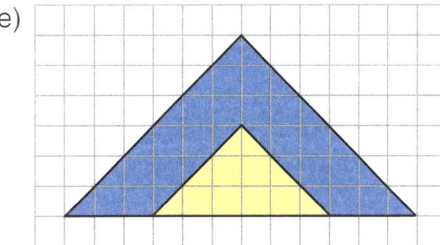 f)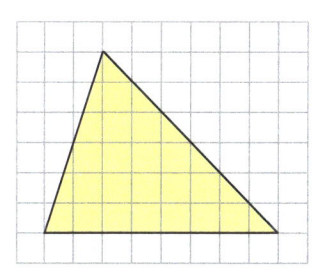

4 a) Zeichne ab und ergänze jeweils die 4. und 5. Figur.

A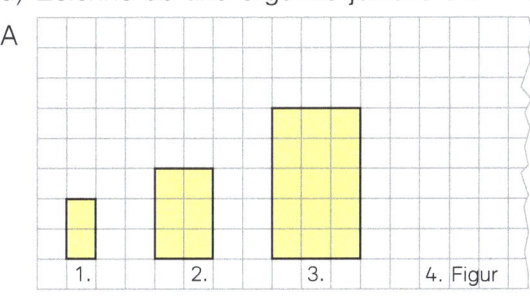

B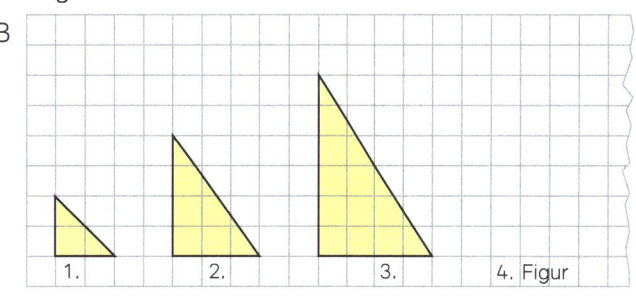

b) Beschreibt die Muster. Wie verändern sich die Figuren?

c) Wie werden das 10. Rechteck und das 10. Dreieck aussehen? Zeichnet.

5  Erfindet eigene Muster. Gebt sie zum Fortsetzen weiter.

1 bis 4 Genaues Zeichnen auf Karopapier thematisieren und üben.

1 Zeichne die Figuren **verkleinert**, jede Linie halb so lang.

A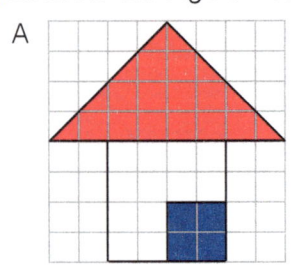

B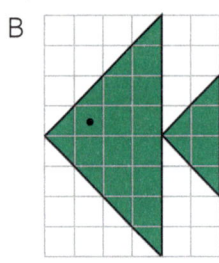

C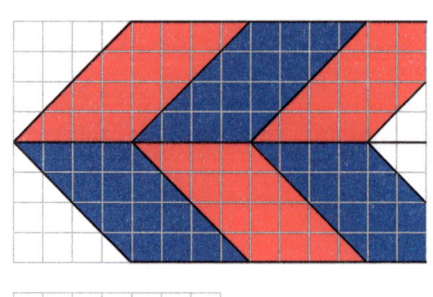

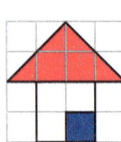

2 Zeichne eine eigene Figur. Lass sie deinen Partner verkleinert zeichnen. Jede Linie halb so lang.

3 Zeichne die Figur **vergrößert**, jede Linie doppelt so lang.

A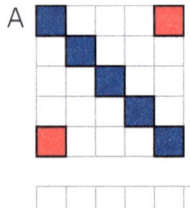

B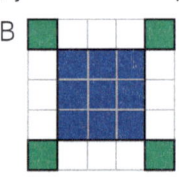

C

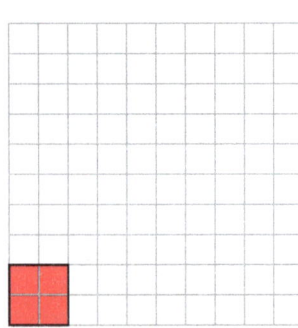

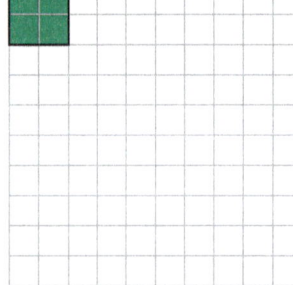

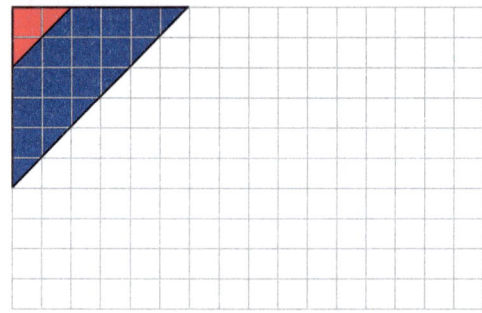

4 Zeichne eine eigene Figur. Lass sie von deinem Partner vergrößert zeichnen. Jede Linie doppelt so lang.

5 Die Kinder haben die Muster fortgesetzt.
a) Entdeckt ihr die Fehler?   b) Zeichnet die Muster richtig.

A

B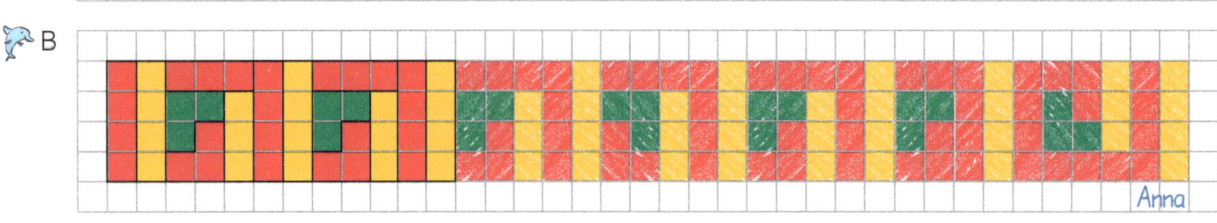

5 Diff.: Muster vergrößert zeichnen.

Beschreibt das Parkettmuster und das Wabenmuster. Vergleicht.

 A 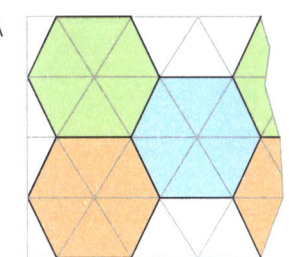 B

a) Schneidet Dreiecke aus. Legt eigene Parkettmuster.
b) Malt die Parkettmuster A und B. Setzt fort.
c) Zeichnet eigene Parkettmuster.

W

3 Rechne halbschriftlich oder im Kopf.

a) 216 + 250	b) 345 + 30	c) 473 + 20	d) 307 + 102	e) 360 + 46
226 + 250	345 + 50	473 + 30	307 + 103	457 + 33
266 + 250	345 + 60	473 + 40	307 + 105	285 + 42
266 + 254	345 + 66	473 + 49	307 + 115	476 + 45

327 375 395 405 406 409 410 411 412 422 466 476 490 493 503 513 516 520 521 522 540

4

a) 548 − 30	b) 560 − 35	c) 857 − 44	d) 684 − 230	e) 792 − 570
548 − 38	560 − 25	857 − 36	684 − 235	308 − 250
548 − 48	560 − 55	857 − 62	684 − 352	577 − 305
548 − 51	560 − 65	857 − 78	684 − 543	605 − 408

43 58 141 197 222 272 332 449 454 495 497 500 505 510 518 525 535 779 795 813 821

5 Subtrahiere. Setze fort.

a)	b)	c)	d)
375 − 32	566 − 55	784 − 201	597 − 526
375 − 34	665 − 54	784 − 302	577 − 425
375 − 36	764 − 53	784 − 403	557 − 324
375 − ___	863 − ___	784 − ___	537 − ___
___ − ___	___ − ___	___ − ___	___ − ___

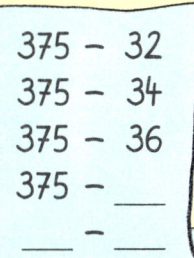 

Fächer verbinden.
1 Regelmäßige Dreiecke und Sechsecke: Alle Seiten und Winkel sind gleich.
1 und 2 Kopiervorlage. 3 bis 5 Halbschriftlich oder im Kopf rechnen.

1 Wie entstehen solche Klappkarten?

Probiert aus.

Prüft mit dem Spiegel.

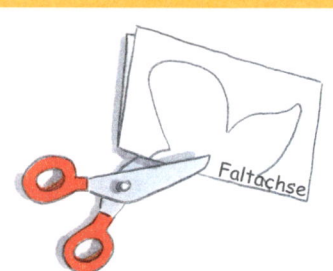

2 Welche Figuren entstehen durch das Ausschneiden und Aufklappen? Prüft mit dem Spiegel.

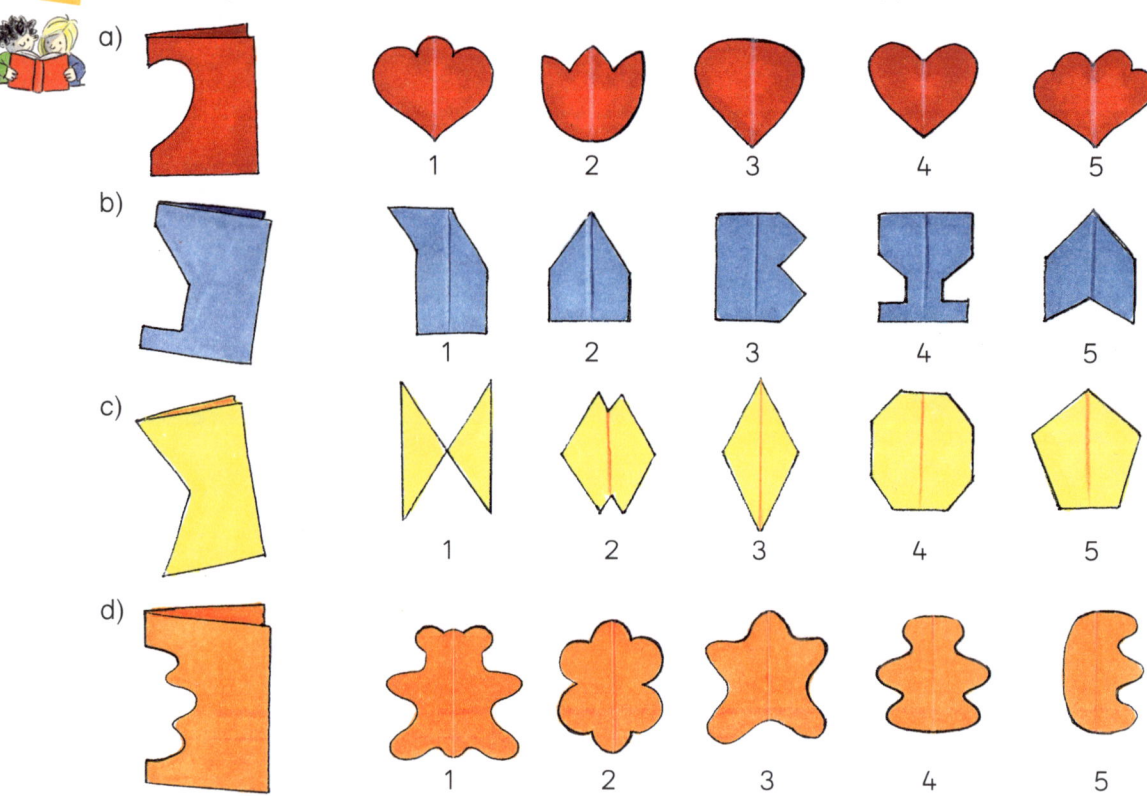

a)   1   2   3   4   5

b)   1   2   3   4   5

c)   1   2   3   4   5

d)   1   2   3   4   5

3 Zeichne die Figuren, die durch das Ausschneiden und Aufklappen entstehen.

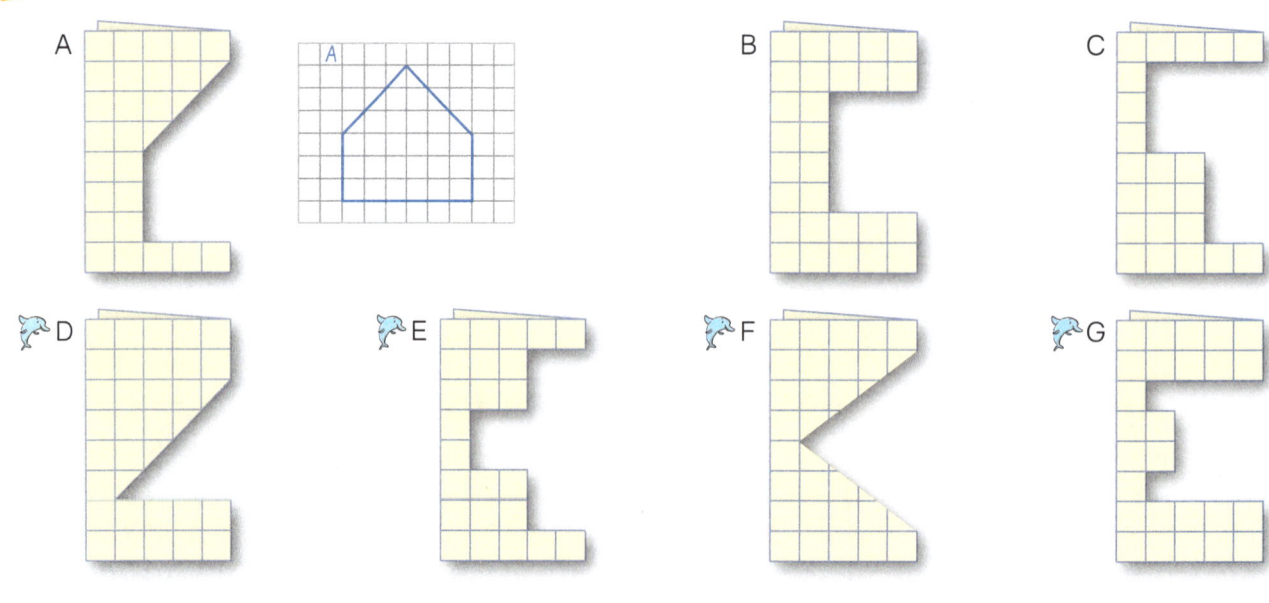

A   B   C

D   E   F   G

4 Falte und schneide eigene Figuren.

3 Evtl. Karopapier falten, Figuren zeichnen und ausschneiden.

1

Die Kinder wollen schaukeln.
Was wird passieren?

2 Symmetrieachse

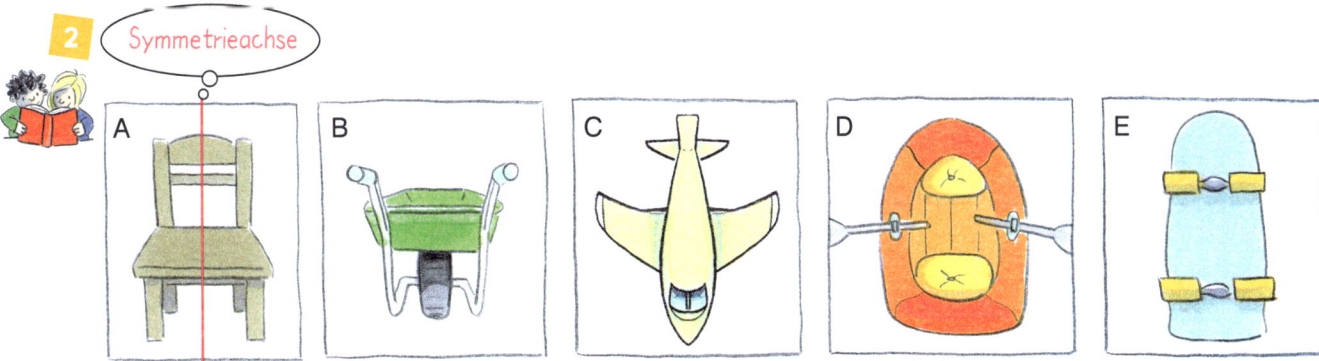

A   B   C   D   E

a) Diese Gegenstände sind symmetrisch gebaut. Warum ist das wichtig?
b) Zeigt jeweils die Symmetrieachse. Prüft mit dem Spiegel.
c) Findet weitere Beispiele.

3 Zeige bei den Buchstaben die Symmetrieachsen. Prüfe mit dem Spiegel.

A B C D E H I K M O T U W X

4 a) Lies die Wörter mit dem Spiegel.

b) Findest du weitere Wörter mit einer Symmetrieachse?

1 In welchen Figuren sind Symmetrieachsen falsch eingezeichnet? Prüft.

A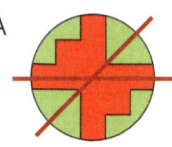
B
C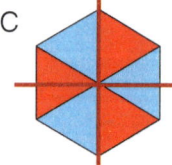
D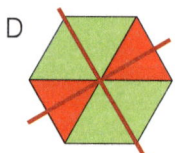
E

2 Zeichne die Figuren und trage alle Symmetrieachsen rot ein.

A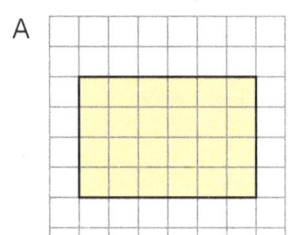
B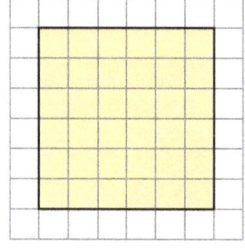
C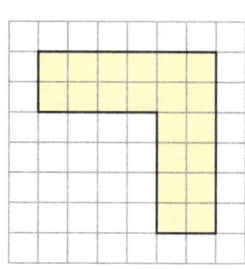
D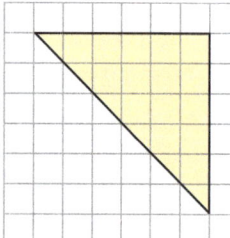

E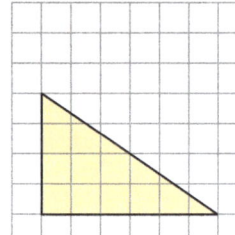
F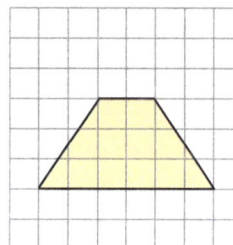
G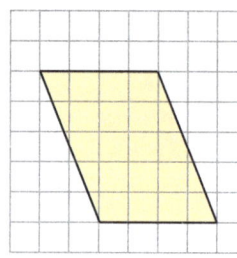
H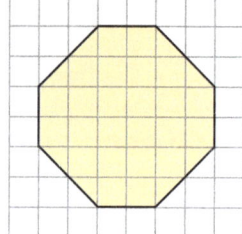

3 Ergänze jeweils spiegelbildlich. Prüfe mit dem Spiegel.

A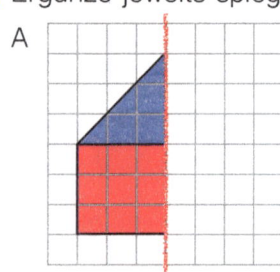
B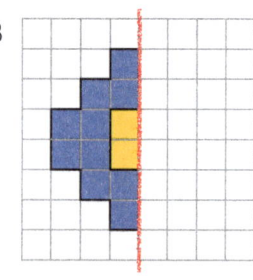
C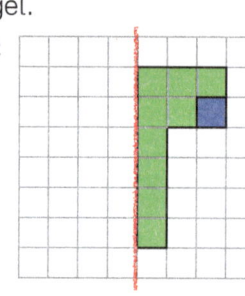
D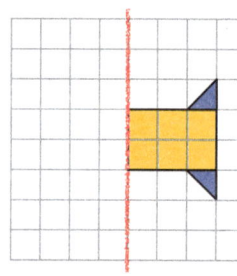

E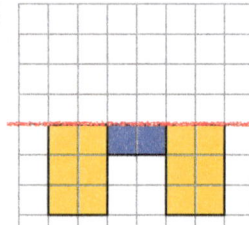
F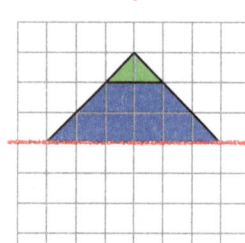
G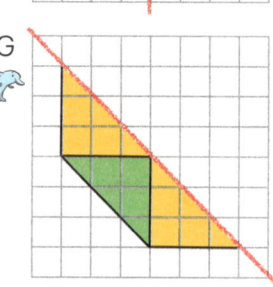
H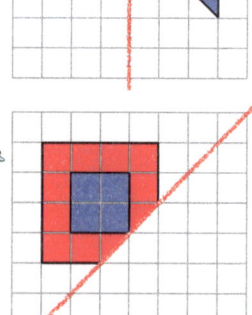

4 Spiegele nacheinander. Zeichne und prüfe mit dem Spiegel.

a)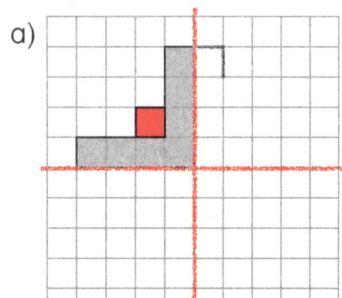
b)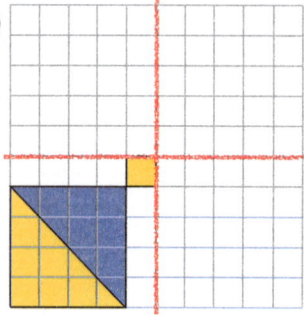
c)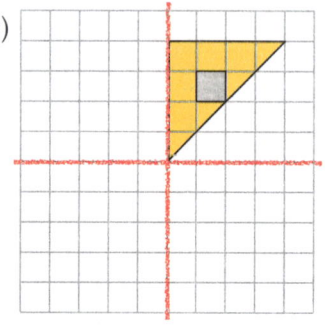

1 Bei drei Figuren sind falsche Symmetrieachsen eingezeichnet. Farbgebung beachten.
2 Zwei Figuren sind nicht symmetrisch, insgesamt 13 Symmetrieachsen. **3** und **4** Farbverteilung beachten.
4 Diff.: Herausfinden, dass zweimaliges Spiegeln zur Drehsymmetrie führt.

1 Bauanleitung Faltschachtel

① Falte ein Quadrat in vier Dreiecke. ② Falte alle vier Ecken zum Mittelpunkt.

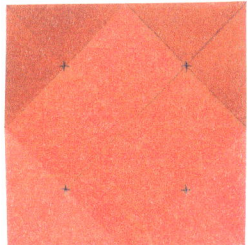 

③ Falte auf. Markiere die angegebenen Schnittpunkte. ④ Falte jede Ecke auf die gegenüberliegende Markierung. Öffne wieder.

⑤ Falte jede Ecke auf die nächstliegende Markierung. Öffne wieder. 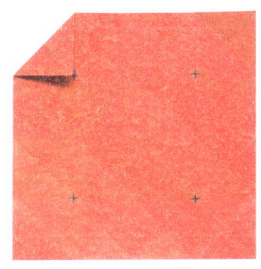 ⑥ Übertrage die blauen Linien auf dein Faltblatt. Schneide auf diesen blauen Linien ein.

⑦ Falte die beiden nicht eingeschnittenen Ecken zweimal nach innen.  ⑧ Knicke diese beiden Seitenwände nach oben.

⑨ Falte die überstehenden Laschen nach innen. 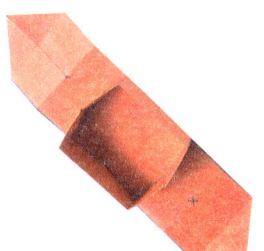 ⑩ Jetzt die anderen Seitenwände nach oben falten, die Laschen nach innen legen.

 2 Falte weitere Schachteln, auch mit Deckel. Was musst du beachten, damit der Deckel auf die Schachtel passt?

1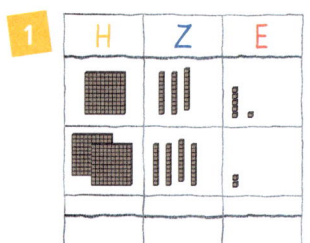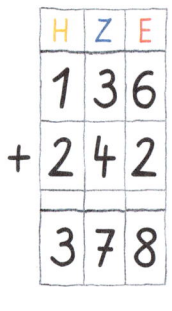

H	Z	E
1	3	6
+ 2	4	2
3	7	8

Schriftlich addieren

Ich rechne von oben nach unten: 6 E + 2 E

Ich rechne von unten nach oben: 2 E + 6 E

Beginne immer mit den Einern.

a)
H	Z	E
4	3	6
+ 3	4	2
		8

b)
H	Z	E
6	0	4
+ 3	8	5

c)
H	Z	E
1	4	2
+		5 6

d)
H	Z	E
4	3	5
+ 2	3	2

e)
H	Z	E
1	6	3
+ 7	2	4

f)
H	Z	E
5	0	3
+ 2	7	2

2 Lege und rechne.

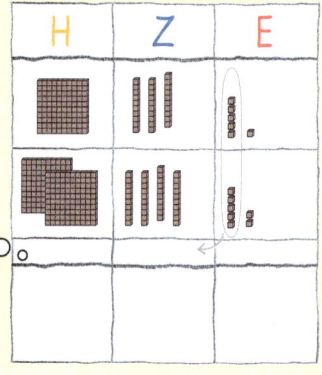 

H	Z	E
1	3	6
+ 2	4	7
3	8	3

10 kleine Würfel können wir gegen eine Zehnerstange tauschen.

Das nennt man schriftliches Addieren.

Übertrag

3 a)
H	Z	E
3	5	6
+ 3	2	6
	1	
		2

b)
H	Z	E
6	0	4
+ 3	8	6

c)
H	Z	E
1	4	5
+		3 6

d)
H	Z	E
4	3	5
+ 2	3	7

e)
H	Z	E
1	6	8
+ 7	2	4

f)
H	Z	E
5	0	9
+ 2	7	2

4 a)
H	Z	E
3	5	4
+ 3	5	4

b)
H	Z	E
4	6	7
+		5 2

c)
H	Z	E
7	3	8
+		8 1

d)
H	Z	E
5	8	7
+ 3	3	2

e)
H	Z	E
3	8	2
+ 4	4	4

f)
H	Z	E
	8	7
+ 8	6	1

5 Schreibe untereinander. Addiere schriftlich.

a) 323 + 94

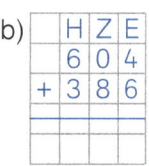

a)
H	Z	E
3	2	3
+		9 4
	1	
4	1	7

328 + 490
326 + 409

427 + 309
525 + 219
368 + 109

b) 374 + 481
74 + 418
374 + 41

83 + 252
293 + 345
174 + 408

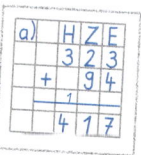 c) 406 + 357
46 + 573
460 + 537

370 + 436
507 + 64
606 + 257

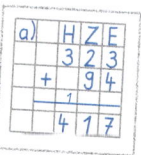 d) 614 + 386
614 + 294
614 + 47

523 + 184
426 + 273
146 + 725

320 335 415 417 477 492 571 582 619 638 661 699 707 735 736 744 763 806 818 855 863 871 908 997 1000

1 Diff.: Ohne Übertrag. **2** bis **5** Ein Übertrag.
2 Rechenkonferenz: Probieren und diskutieren, warum es sinnvoll ist, mit den Einern zu beginnen.
3 Zehnerübertrag. **4** Hunderterübertrag.

1

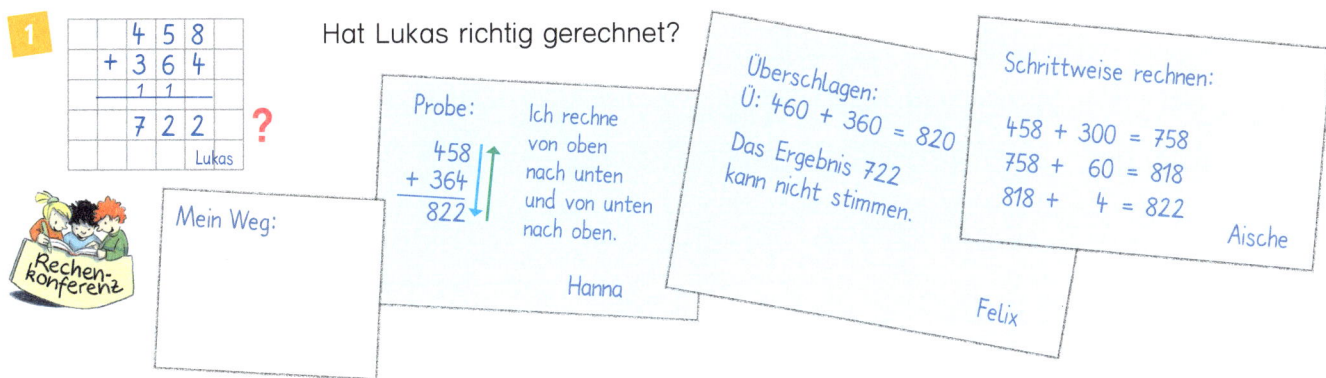

```
  4 5 8
+ 3 6 4
  1 1
─────────
  7 2 2
     Lukas
```
?

Hat Lukas richtig gerechnet?

Mein Weg:

Probe:
Ich rechne von oben nach unten und von unten nach oben.
```
  458 ↑
+ 364 ↓
  822
```
Hanna

Überschlagen:
Ü: 460 + 360 = 820
Das Ergebnis 722 kann nicht stimmen.
Felix

Schrittweise rechnen:
458 + 300 = 758
758 + 60 = 818
818 +   4 = 822
Aische

2 Drei Kinder haben falsch gerechnet. Prüfe und erkläre. Rechne richtig.

```
  2 7 5
+   5 6
    1
─────────
  8 3 5
     Emma
```

```
    8 7
+ 1 0 9
    1
─────────
  1 9 6
     David
```

```
  2 9 5
+ 2 7 0
─────────
  4 6 5
     Jakob
```

```
    7 8
+ 1 9 8
  1 1
─────────
  2 7 6
     Lena
```

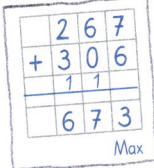
```
  2 8 5
+   2 6
    1
─────────
  2 1 1
     Maria
```

```
  1 6 4
+   9 6
  1 1
─────────
  2 6 0
     Sophie
```

3 Können diese Ergebnisse stimmen? Überschlage.

a) 233 + 386 = 519
b) 492 + 236 = 728
c) 548 + 163 = 711

d) 326 + 478 = 894
e) 605 + 125 = 730
f) 286 + 98 = 274

Maximilian

```
a) Ü: 2 0 0 + 4 0 0 = 6 0 0
   5 1 9  kann nicht stimmen.
```

g) 443 + 77 = 520
h) 616 + 265 = 981
i) 78 + 89 = 167

Jonas

j) 586 + 331 = 917
k) 229 + 478 = 607
l) 452 + 249 = 701
m) 375 + 395 = 680
n) 617 + 208 = 625
o) 186 + 485 = 671

Leonie

4

A Einer stehen nicht unter Einern.   B Übertrag vergessen.   C Ein Übertrag zu viel.   D Ziffern falsch addiert.

```
    4 8
+ 4 2 7
  1 1
─────────
  5 7 5
     Lena
```

```
  3 6 7
+ 2 6 1
─────────
  5 2 8
     Mehmet
```

```
  3 0 7
+   2 9
─────────
  5 9 7
     Hanna
```

```
    8 5
+ 2 4 2
  1
─────────
  3 1 7
     Lukas
```

```
  2 6 7
+ 3 0 6
  1 1
─────────
  6 7 3
     Max
```

```
  2 6 0
+   9 6
─────────
  2 5 6
     Paul
```

a) Welche Fehler haben die Kinder gemacht?
b) Rechnet richtig.

```
Lena
Fehler C
```

5 Schreibe mit Komma.

a) 5 € 30 ct   b) 7 € 15 ct   c) 15 € 4 ct   d) 31 €   e) 100 ct   f) 250 ct
   5 € 3 ct   9 € 8 ct   21 € 40 ct   5 €   90 ct   25 ct
   5 € 33 ct   3 € 2 ct   70 € 0 ct   86 €   85 ct   342 ct

1

 `1` `2` `3` `4` `5` `6`

a) Legt mit diesen Ziffernkarten dreistellige Zahlen. Addiert sie.

b) Vertauscht die Karten so, dass sich die Summe ändert.

c) Vertauscht so, dass sich die Summe nicht ändert.

2

Legt Plusaufgaben.

a) 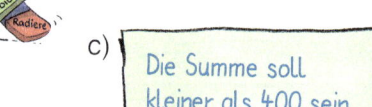 Die Summe soll möglichst groß sein.

b) Die Summe soll möglichst klein sein.

c) Die Summe soll kleiner als 400 sein.

d) Die Summe soll zwischen 900 und 1000 liegen.

e) Die Summe soll 408 betragen.

3 `0` `1` `2` `3` `4` `5` `6` `7` `8` `9`

Legt drei dreistellige Zahlen. Addiert.

4 Schreibt untereinander und addiert. Überprüft die Ergebnisse.

a) 523 + 275 + 161
   524 + 76 + 162
   525 + 77 + 63

   313 + 181 + 224
   316 + 75 + 133
   324 + 89 + 45

b) 217 + 231 + 288
   216 + 32 + 87
   175 + 33 + 86

   621 + 143 + 156
   524 + 36 + 199
   798 + 44 + 55

c) 187 + 145 + 263 + 181
   259 + 140 + 62 + 9
   438 + 279 + 4 + 182

   703 + 168 + 58 + 8
   5 + 250 + 623 + 105
   405 + 56 + 387 + 6

294 335 458 470 480 524 665 718 736 759 762 776 854 897 903 920 937 959 983

5 Schreibt untereinander und addiert. Setzt fort.

a)
372 + 412
362 + 422
352 + 432
___ + ___

b)
456 + 372
567 + 261
678 + 150
___ + ___

c)
409 + 365
418 + 366
427 + 367
___ + ___

d)
640 + 283
551 + 272
462 + 261
___ + ___

e) Welches Päckchen beschreibt Leonie?

 „Die erste Zahl wird immer um 9 größer.
Die zweite Zahl wird immer um 1 größer.
Deshalb wird die Summe immer um 10 größer."

f) Sucht andere Päckchen aus und beschreibt sie euch gegenseitig.

1 bis **3** Die Partner erhalten für jede Ziffer nur eine Karte.
1 Vertauschen in der Zeile führt zu veränderten Summen. Vertauschen in einer Spalte verändert die Summe nicht.
Diff.: Wie viele Aufgaben sind mit diesen sechs Karten möglich?

1 Das Tausenderspiel

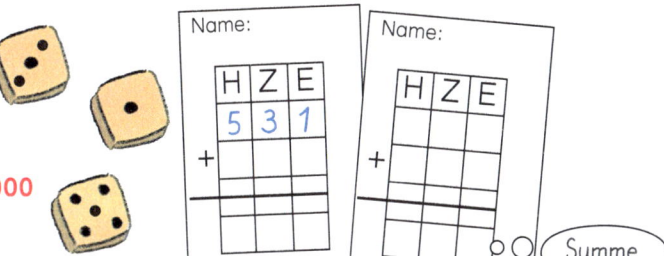

a) Jeder würfelt zweimal mit drei Würfeln und addiert die beiden dreistelligen Zahlen. Gewonnen hat, wer näher an die Summe **1000** herankommt.

b) Wer hat gewonnen? Addiere.

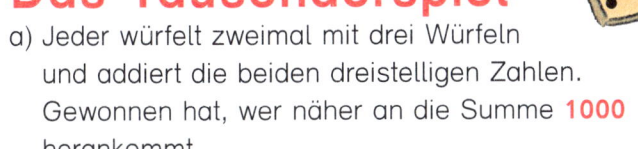

Name: Marie
```
  H Z E
  4 3 5
+ 5 2 1
```

Name: Tim
```
  H Z E
  5 1 6
+ 4 4 5
```

Name: Elena
```
  H Z E
  5 1 6
+ 5 2 4
```

Name: Julia
```
  H Z E
  5 4 5
+ 4 3 1
```

Name: Leo
```
  H Z E
  3 5 2
+ 6 4 1
```

Name: Lara
```
  H Z E
  6 1 5
+ 4 1 3
```

2 Welche Ziffern fehlen?

a)
```
  3 2 2
+ 4 _ 4
  7 5 6
```

b)
```
  2 1 4
+ 6 _ 3
  8 8 7
```

c)
```
  4 4 3
+ _ 1 4
  6 5 7
```

d)
```
  5 3 5
+ 3 _ 4
  8 8 9
```

e)
```
  5 0 7
+ 4 _ 1
  9 0 8
```

f)
```
  1 3 2
+ 5 _ 5
  6 7 7
```

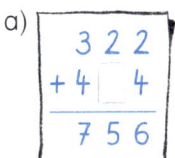 g)
```
  4 _ 1
+ 2 7 1
  6 9 2
```

h)
```
  2 4 5
+ 5 _ 1
  7 8 6
```

i)
```
  6 _ 4
+   5 3
  7 0 7
```

j)
```
    8 4
+ 3 3 7
  6 2 1
```

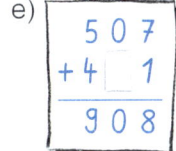 k)
```
  _ 0 7
+ 2 0 5
  3 1 2
```

l)
```
  1 _ 3
+ 3 3 3
  4 5 6
```

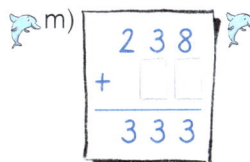 m)
```
  2 3 8
+ _ _ _
  3 3 3
```

n)
```
  4 2 6
+ _ _ _
  4 4 4
```

 o)
```
  5 7 2
+ _ _ _
  7 0 7
```

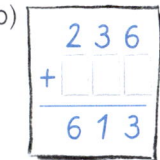 p)
```
  2 3 6
+ _ _ _
  6 1 3
```

 q)
```
  1 1 1
+ _ _ _
  9 0 0
```

r)
```
  8 9 3
+ _ _ _
  1 0 0 0
```

3 Rechne **im Kopf oder schriftlich**.

a) 250 + 400
257 + 478
240 + 350

230 + 520
286 + 357
275 + 288

b) 547 + 386
310 + 460
405 + 320

376 + 258
676 + 245
250 + 250

c) 280 + 300 + 20
274 + 457 + 93
410 + 120 + 30

620 + 240 + 20
354 + 268 + 45
520 + 200 + 80

Manche muss ich schriftlich lösen.

Manche Aufgaben kann ich im Kopf rechnen.

 500 560 563 590 600 634 643 650 667 725 735 750 770 800 824 880 921 930 933

4 TECHNIK-MUSEUM Besucherzahlen

	Erwachsene	Kinder	Gesamt
Donnerstag	286	247	
Freitag	278	236	
Samstag	355	176	
Sonntag	385	148	

a) Wie viele Besucher kamen an den einzelnen Tagen?

b) An welchem Tag kamen die meisten Besucher?

c) Wie viele Kinder waren es insgesamt?

1 Partnerspiel: Strategie diskutieren. **4** Diff.: Diagramm zeichnen.

Das **Säulendiagramm** zeigt,
wie viele Mädchen und Jungen
die Grundschule Ibbenbüren besuchen.

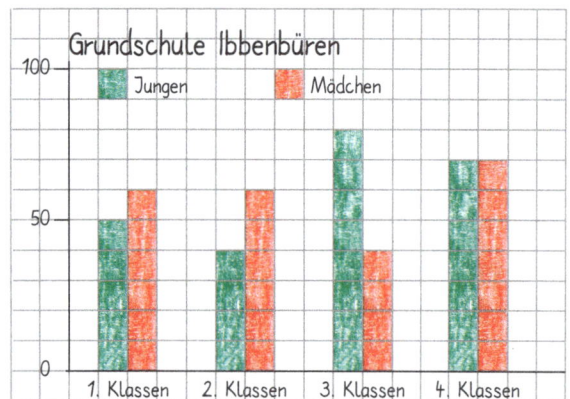

Grundschule Ibbenbüren

Jungen   Mädchen

1. Klassen   2. Klassen   3. Klassen   4. Klassen

1 a) Wie viele Mädchen gehen ins 4. Schuljahr?

b) In welchem Schuljahr sind die meisten Jungen?

c) Wie viele Kinder sind im 2. Schuljahr?

d) Wie viele Mädchen gehen ins 3. Schuljahr?

e) In welchen Schuljahren gibt es weniger Jungen als Mädchen?

f) Wie viele Jungen sind an der ganzen Schule?

g) Findet weitere Fragen. Rechnet und antwortet.

2 Übertragt die Daten aus dem
Säulendiagramm in eine Tabelle.

Grundschule Ibbenbüren

Schuljahr	Jungen	Mädchen	Gesamt
1	50		
2			
3			
4			
Gesamt			

3 Sammelt Daten in eurer Schule.
Wie viele Mädchen und Jungen
gibt es bei euch
in den einzelnen Schuljahren?
Tragt die Ergebnisse in eine Tabelle ein.

Turmgrundschule

Schuljahr	Jungen	Mädchen	Gesamt
1	23	29	52
2	28	27	55
3	22	26	48
4	28	21	49
Gesamt	101	103	204

In unserer
Schule sind
204 Kinder.

4 Die Kinder der Klassen 3a, 3b und 3c der Wiesenschule nannten unterschiedliche Hobbys.
Wie viele Kinder üben welches Hobby aus?

Computerspiele sind am beliebtesten.

Nur halb so viele Kinder lesen Bücher.

Die wenigsten Kinder malen gerne.

Sportverein und Musikschule sind gleich beliebt.

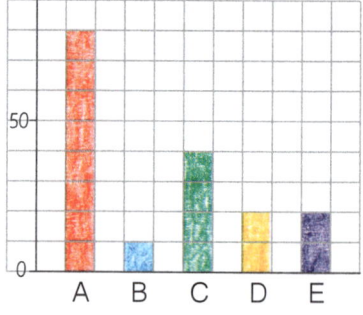

A B C D E

5 Die Klasse 3a hat Aufgaben für euch geschrieben.

a) In unserer Schule
sind 283 Kinder.
143 sind Mädchen.
Lea

b) Unsere Schule will mit
283 Kindern ins Kino fahren
17 davon sind krank.
Max

c) Unsere Schule
gibt es seit 1360.
Wie alt ist sie jetzt?
Julia

d) Erfindet eine eigene Rechengeschichte.

Begriff „Säulendiagramm" klären. **1** Daten einem Diagramm entnehmen.
2 und **3** Kopiervorlage. Diagramm auf eine Tabelle übertragen. Diff.: Passendes Diagramm zeichnen.
5 Fragen, rechnen und antworten.

6 In der Klasse 3a wurde ein Klassensprecher gewählt.
Hierzu siehst du ein **Kreisdiagramm.**

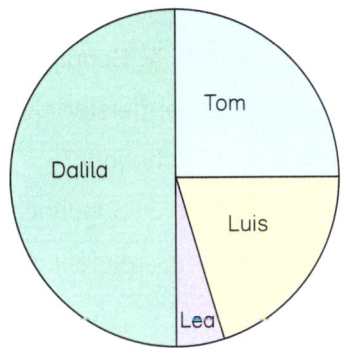

a) Welche Kinder standen zur Wahl?

b) Wer erhielt die wenigsten Stimmen?

c) Wer wurde Klassensprecher?

d) Wer erhielt mehr Stimmen als Luis?

e) Wer bekam halb so viele Stimmen wie Dalila?

f) 24 Kinder haben gewählt.
Wie viele Stimmen erhielt Tom?

7 Die Klasse 3b hat ebenfalls einen neuen Klassensprecher gewählt.

Welches Kreisdiagramm passt?

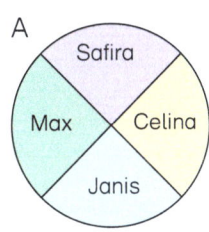 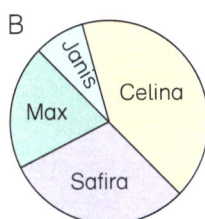 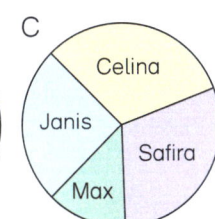

Celina hat die meisten Stimmen.

Max bekam weniger Stimmen als Safira.

Janis erhielt die wenigsten Stimmen.

8 Die Kinder der 3. Klassen der Ahornschule wurden nach ihrem Schwimmabzeichen befragt.

Ordne zu.

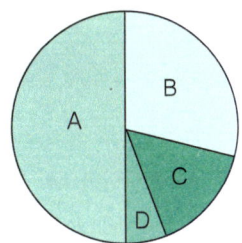

Die Hälfte der Kinder haben schon das Seepferdchen.

Die wenigsten Kinder haben kein Abzeichen.

Es haben mehr Kinder Bronze als Silber.

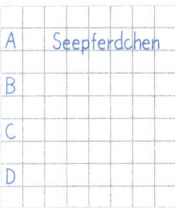

9 Wie viele Kinder sind es jeweils?

a) insgesamt 24 Kinder   b) insgesamt 30 Kinder   c) insgesamt 200 Kinder

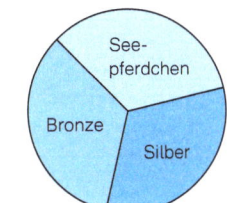
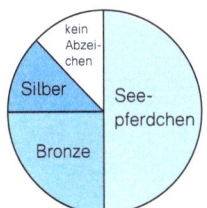

10  Erfindet Rechengeschichten mit passenden Zahlen zu diesen Kreisdiagrammen.

a) 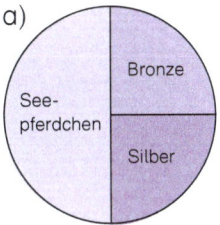   b) 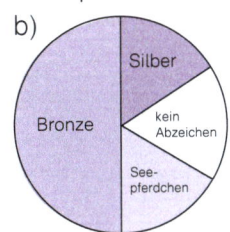   c)    d)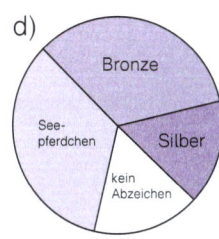

6 bis 10 Begriff „Kreisdiagramm" klären. 7 und 8 Daten einem Kreisdiagramm entnehmen. Daten einem Diagramm zuordnen.

1 Vergleicht das Gewicht der Ranzen. Begründet.

a)

b)

c)

2

Die Federmappe wiegt so viel wie fünf Hefte.

Wie viele Hefte wiegen genauso viel wie

a) dein Lesebuch?
b) dein Malkasten?
c) deine Brotdose?
d) das Tafellineal?
e) dein Mathebuch?
f) dein _____ ?

3

| Simon | Amelie | Emilia | Amelie | Simon | Emilia |

Wer ist schwerer? Simon oder Emilia?

4 Ordne die Kinder nach dem Gewicht. Beginne mit dem schwersten Kind.

zum Knobeln

a)

b)

| Leni | Umut | Marie | Leni | Sofie | Fabian | Maja | Fabian |

5 Ordne nach dem Gewicht. Beginne jeweils mit dem leichtesten Kind.

zum Knobeln

a) Johanna wiegt mehr als Lilly. Lilly wiegt mehr als Paul.
b) Kevin wiegt mehr als Moritz. Kevin wiegt weniger als Ben.
c) Jette wiegt weniger als Anna. Anna wiegt weniger als Evin.
d) Max wiegt weniger als Lisa. Jakob wiegt mehr als Lisa.

W

6

a)	b)	c)	d)	e)
674 − 300	758 − 500	500 − 200	800 − 400	647 − 230
674 − 40	758 − 30	500 − 50	800 − 60	306 − 120
674 − 340	758 − 530	500 − 250	800 − 460	508 − 250
674 − 240	758 − 630	500 − 150	800 − 260	763 − 432

3 Die drei Wippen im Zusammenhang betrachten.
5 Logical.

1

Wiegt euch und tragt euer Gewicht
in eine Tabelle ein.

	Gewicht
Alina	24 kg
Noah	29 kg

Das Gewicht
misst man in
Kilogramm (kg).

2 a) Ergänzt die Tabelle.

Wir wiegen
zusammen 68 kg
und sind gleich
schwer.

Malte Luna

Ich wiege
2 kg weniger
als Nele.

Alex ist genauso
schwer wie Nele.

Anna

Zusammen
wiegen wir
53 kg.

Lisa Nele

Klasse 3 a	
	Gewicht
Igor	26 kg
Alex	kg
Anna	kg
Nele	25 kg
Lisa	kg
Sina	36 kg
Nico	35 kg
Luna	kg
Malte	kg

b) Wer ist am schwersten?

c) Wer ist am leichtesten?

d) Wie schwer sind alle ungefähr zusammen? Überschlage.

3

Vergleicht eure Schultaschen.

a) Wer hat die schwerste Schultasche der Klasse?

b) Wer hat die leichteste?

c) Wer hat die schwerste leere Schultasche?

d) Wer hat die leichteste leere Schultasche?

4

Mach mit – jeden Tag Ranzen TÜV

Dein
Ranzen
Höchst-
gewicht
_____ kg

Unsere Schulärztin sagt:

„Die Schultasche darf nicht zu schwer sein!
Sie soll nicht schwerer sein
als der **zehnte Teil** deines Gewichts."

Ranzen TÜV:

• Wie schwer bist du? Runde auf eine Zehnerzahl.

• Wie schwer darf dein Ranzen ungefähr sein?
Teile dein ungefähres Gewicht durch 10.

Ich wiege 31 kg,
also ungefähr 30 kg.

30 kg : 10 = 3 kg
Ungefähr 3 kg erlaubt.

5 Wie schwer darf der Ranzen ungefähr sein?

a) Marie wiegt 19 kg.   b) Lukas wiegt 22 kg.   c) Maximilian wiegt 27 kg.

d) Leon wiegt 33 kg.   e) Sophie wiegt 36 kg.   f) Leonie wiegt 20 kg.

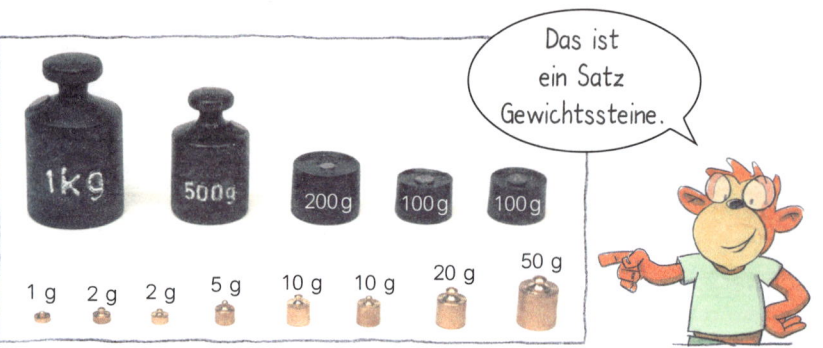

Das ist ein Satz Gewichtssteine.

1kg 500g 200g 100g 100g

1 g 2 g 2 g 5 g 10 g 10 g 20 g 50 g

1000 Gramm = 1 Kilogramm
1000 g = 1 kg

1 Legt alle Gewichtssteine auf eine Waage. Wie schwer ist der ganze Gewichtssatz?

2 Ich schätze ...

a) Vergleicht mit geschlossenen Augen je zwei Gewichtssteine.

b) Ordnet mit geschlossenen Augen vier verschiedene Gewichtssteine.

3 Schreibt immer das Gewicht auf.
a) Wie schwer ist diese Federmappe?

a) 1 0 0 g + 1 0 0 g + 5 0 g +

b) Wie schwer ist deine Federmappe?
c) Wiegt andere Gegenstände.

100 g 100 g 50 g 20 g

4 Wie schwer sind die Waren?

a) 200 g 100 g

b) 500 g 100 g

c) 200 g 200 g

d) 500 g 100 g 20 g

e) 500 g 200 g 200 g 20 g
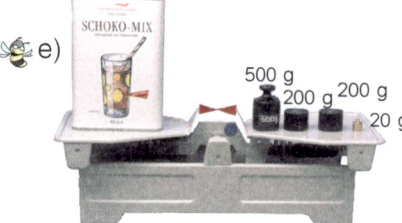

f) 500 g 200 g 50 g
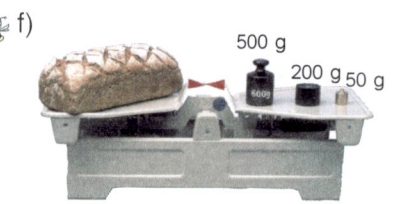

5 Welche Gewichtssteine müsst ihr verwenden, wenn ihr die folgenden Dinge wiegen wollt?
a) Stiftepackung   180 g
b) Buch   320 g
c) Puppe   275 g
d) Spielzeugauto   520 g

a) 1 8 0 g = 1 0 0 g + 5 0 g + 2 0 g + 1 0 g

e) Ball   190 g
f) Arbeitsheft   220 g
g) Federmappe   240 g
h) Baukasten   741 g

6 Solche Lebensmittel werden oft gekauft.

Stimmen die Gewichtsangaben? Wiegt nach.

2 g

Typische Gewichte!

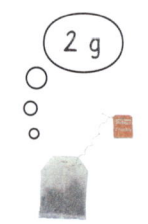

100 g

250 g BIO BUTTER
500 g Marken JodSalz

1 kg Bio Weizenmehl Type 550

1 Addieren und an der Waage überprüfen. **4** Auch andere Lebensmittel wiegen.
6 Gängige Repräsentanten für Standardgewichte einprägen.

$\frac{1}{2}$ kg = 500 g

7

Findet ihr Lebensmittel, die $\frac{1}{2}$ kg schwer sind?

8 < oder = oder >.

a) 100 g ◯ $\frac{1}{2}$ kg
150 g ◯ $\frac{1}{2}$ kg
250 g ◯ $\frac{1}{2}$ kg

700 g ◯ $\frac{1}{2}$ kg
480 g ◯ $\frac{1}{2}$ kg
520 g ◯ $\frac{1}{2}$ kg

b) 700 g ◯ 1 kg
450 g ◯ $\frac{1}{2}$ kg
600 g ◯ $\frac{1}{2}$ kg

1000 g ◯ 1 kg
550 g ◯ $\frac{1}{2}$ kg
880 g ◯ 1 kg

c) 1 kg ◯ 500 g
$\frac{1}{2}$ kg ◯ 505 g
1 kg ◯ 980 g

$\frac{1}{2}$ kg ◯ 498 g
$1\frac{1}{2}$ kg ◯ 800 g
$\frac{1}{2}$ kg ◯ 500 g

d) 2 kg ◯ 2000 g
$1\frac{1}{2}$ kg ◯ 1500 g
$2\frac{1}{2}$ kg ◯ 3000 g

10 kg ◯ 900 g
$\frac{1}{2}$ kg ◯ 1000 g
8 kg ◯ 800 g

9 Was zeigt die digitale Waage an? Welche Vorteile hat die digitale Waage?

a)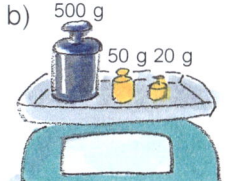
10 g 5 g 2 g

b)
500 g
50 g 20 g

c)
200 g 100 g 5 g

d)
1 g 2 g 10 g 20 g

10 a)
Mehl 1 kg
750 g

b)
Butter 250 g
150 g

c)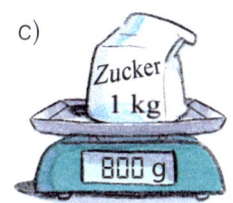
Zucker 1 kg
800 g

d)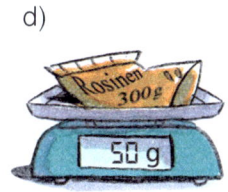
Rosinen 300 g
50 g

Ali und Tim haben einen Kuchen gebacken. Alle Packungen waren voll.
Wie viel Gramm Mehl, Butter, Zucker und Rosinen verbrauchten sie für den Kuchen?

11 Wie viel Gramm fehlen bis zu 1 kg?

150 g

1 kg	750 g	500 g	980 g	976 g	400 g	360 g	355 g	240 g	179 g	25 g

12
Butter 250 g
Mehl 1 kg
$\frac{1}{2}$ kg
Schokolade 100 g
750 g
$1\frac{1}{2}$ kg
400 g

Diese Papiertüte reißt bei mehr als 3 kg.

Alex packt ein. Was kann er in die Tüte packen?

12 Addieren. Mehrere Lösungen möglich.

1 Kann das stimmen?

a) So wiege ich nur noch die Hälfte.

b) Ich wiege 32 kg, mein Koffer 9 kg.

c) Ich wiege 31 kg und mein Hund 43 kg.

d) Jetzt bin ich halb so schwer.

2 Ordne zu und schreibe auf.

A

B DENKEN RECHNEN 3

C SING

D Igor

E

F

G INSTANT MEHL

H

A	1 g
B	

3 ½ kg   75 g

26 kg   1 g

1 kg   13 kg

100 g   390 g

3 Wie viel wiegt **eine** Kugel? Rechne und antworte.

zum Knobeln

a)

50 g   100 g 100 g

b)

50 g 50 g   500 g 200 g

c)

500 g   1 kg

4 Wie viel wiegt der Würfel? Rechne und antworte.

zum Knobeln

1 kg

5 Welches Tier gehört wem? Ordne das passende Gewicht zu.

zum Knobeln

Tim hat keine Katze, sein Tier ist 15 kg schwer. Lenas Tier ist am leichtesten und wiegt 20 g. Kais Tier wiegt 8 kg und frisst gerne Mäuse.

A

B

C

1 Teilweise Scherzaufgaben. **5** Logical.

1 Welche Rechengeschichte passt?

a)
$$85 \text{ kg} - 10 \text{ kg} = \_\_ \text{ kg}$$

A Anna und Tina wiegen zusammen 85 kg. Nach einem Jahr wiegen sie zusammen 10 kg mehr.

B Papa wiegt 85 kg. Er nimmt pro Woche 2 kg ab. Er wiegt sich wieder nach 5 Wochen.

C Herr Keller wiegt 85 kg. Sina wiegt halb so viel.

b)
$$18 \text{ kg} : 2 = \_\_ \text{ kg}$$

A Familie Meyer lagert 18 kg Kartoffeln ein. Sie isst jeden Tag 2 kg davon.

B Die Biotonne mit Gartenabfall wiegt 18 kg. Mama wirft noch 2 kg Biomüll hinein.

C Anna wiegt 18 kg. Ihr Dackel Aro wiegt halb so viel.

c)
$$2 \cdot 30 \text{ kg} = \_\_ \text{ kg}$$

A Paul und Ali wiegen zusammen 30 kg.

B Moni wiegt 30 kg. Ihre Mutter wiegt das Doppelte.

C Tim wiegt 30 kg. Sein Freund ist 2 kg schwerer.

2 Welche Rechengeschichte passt?

a)
$$\_\_ \text{ kg} + 110 \text{ kg} = 140 \text{ kg}$$

A Das Gorillababy ist 140 Tage alt und wiegt 110 kg.

B Die Affenmutter klettert mit ihren 140 kg auf einen Baum, der 110 Jahre alt ist.

C Das Gorillababy ist 110 kg leichter als die Affenmutter. Sie wiegt 140 kg.

b)
$$1000 \text{ kg} : 2 = \_\_ \text{ kg}$$

A Eine Giraffe wiegt 1000 kg. Ein Zebra ist halb so schwer.

B Eine Giraffe wiegt 1000 kg. Ein Elefant wiegt doppelt so viel.

C Zwei Giraffen fressen jeweils 1000 kg Futter.

c)
$$180 \text{ kg} + 5 \text{ kg} = \_\_ \text{ kg}$$

A Der Bauer verkauft 5 Schweine. Jedes Schwein wiegt ungefähr 180 kg.

B Ein Schwein wiegt 180 kg. Täglich nimmt es 500 g zu. Nach 10 Tagen wird es gewogen.

C Fünf Ferkel wiegen zusammen 180 kg.

3
$$750 \text{ g} + \_\_\_\_ = 1 \text{ kg}$$

 Erfindet zu der Rechnung eine passende Rechengeschichte.

W

4 a) 48  70 52 22 34 37 13   b) 87  64 75 30 33 44

1 und **2** Jeweils eine Rechengeschichte passt. Rechnen und antworten.

1 Was passt zusammen? Ordne zu und schreibe auf.

A | Breite des Mathebuches

B | Preis für ein Brötchen

C | Gewicht eines Kindes

D | Dauer der Sommerferien

E | Höhe der Tür

F | Preis für eine Kinokarte

30 ct · 45 Minuten · 25 kg · 10 m · 6 Wochen · 400 kg · 21 cm · 2 Minuten · 5 € · 1 m · 1 cm · 2 Stunden · 2 ct · 250 € · 2 m

G | Gewicht eines Pferdes

H | Dauer einer Unterrichtsstunde

I | Breite eines Fingers

J | Preis für ein Fahrrad

K | Dauer des Zähneputzens

L | Länge des Klassenzimmers

2 Punktrechnen vor Strichrechnen.

a) 9 + 7 · 8
8 + 6 · 4
7 + 9 · 5
5 + 3 · 8
6 + 7 · 6

b) 7 · 5 + 20
6 · 9 + 40
3 · 7 + 30
4 · 5 + 20
9 · 8 + 10

c) 50 − 5 · 5
30 − 4 · 4
60 − 7 · 7
80 − 8 · 8
100 − 9 · 9

d) 8 · 6 − 12
9 · 7 − 33
5 · 6 − 17
7 · 4 − 28
6 · 3 − 9

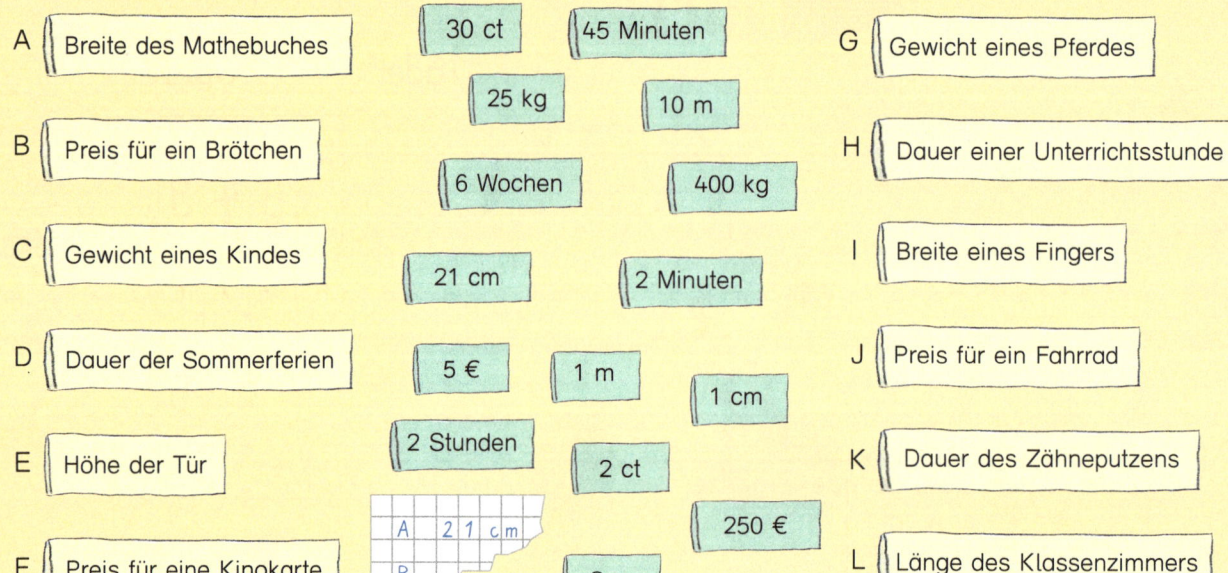

3 Welches Ergebnis könnte stimmen? Prüfe durch **Überschlagen.**

a) 432 + 87 — 489 | 589 | 519 ✓
a) Ü: 430 + 90 = 520   519 könnte stimmen.

b) 68 + 77 — 85 | 145 | 115

c) 458 + 69 — 527 | 427 | 607

d) 298 + 54 — 302 | 452 | 352

e) 414 + 78 — 592 | 492 | 392

f) 416 + 32 — 448 | 548 | 432

g) 117 + 86 — 123 | 203 | 103

h) 332 + 76 — 538 | 308 | 408

i) 66 + 243 — 309 | 209 | 269

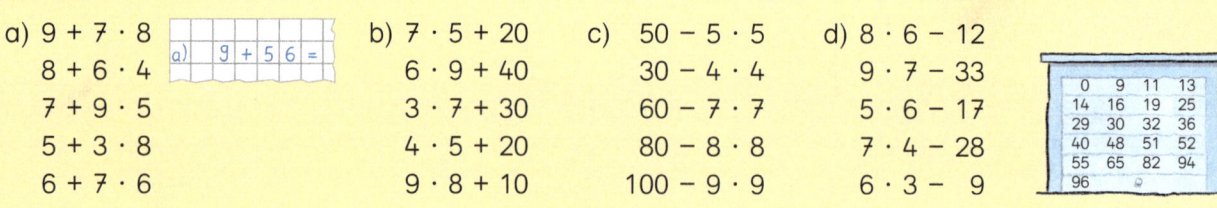

4 Welche Rechengeschichte passt?

a) 20 € − 5 € = ___ €

A Oma verteilt 20 Euro an ihre fünf Enkel.

B Oma bezahlt mit einem 20-€-Schein. Sie erhält 5 € zurück.

C Oma kauft ein Buch für 20 € und Papier für 5 €.

b) 20 € : 5 = ___ €

A Opa verteilt 20 Euro an seine fünf Enkel.

B Opa geht mit 20 € einkaufen Er bringt 5 € zurück.

C Opa hat fünf Enkelkinder. Er schenkt jedem 20 €.

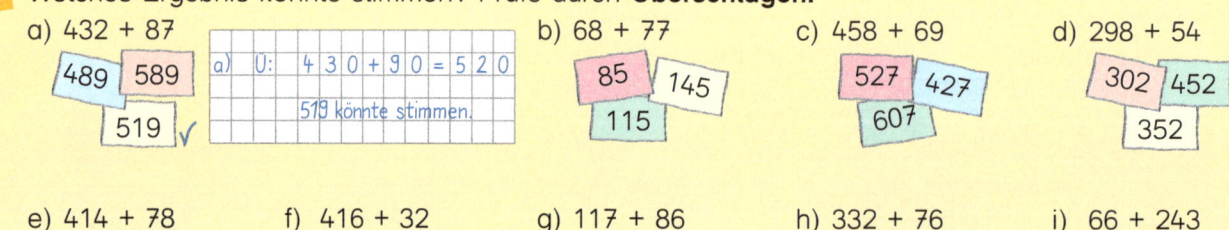
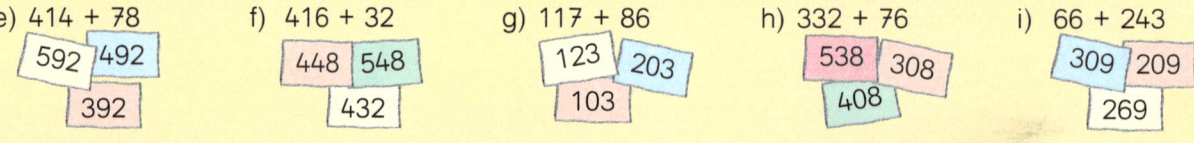

1 Lege 549.
Nimm 314 weg.

ziehe ab **oder** ergänze

9 minus 4 gleich 5

H	Z	E
5	4	9
−3	1	4
		5

9−4=5

4 plus 5 gleich 9

H	Z	E
5	4	9
−3	1	4
		5

4+5=9

Rechne weiter: Ziehe ab **oder** ergänze.

2 Subtrahiere. Beginne bei den Einern.

a)
H	Z	E
9	5	4
−4	3	1
		3

b)
H	Z	E
8	6	7
−4	2	6

c)
H	Z	E
4	5	3
−4	1	0

d)
H	Z	E
6	9	5
−	9	3

e)
H	Z	E
5	9	8
−4	0	2

f)
H	Z	E
6	9	7
−5	7	3

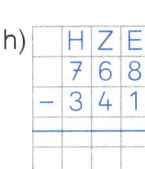 g)
H	Z	E
3	6	3
−2	3	0

h)
H	Z	E
7	6	8
−3	4	1

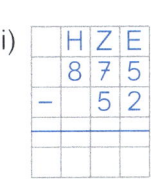 i)
H	Z	E
8	7	5
−	5	2

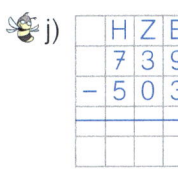 j)
H	Z	E
7	3	9
−5	0	3

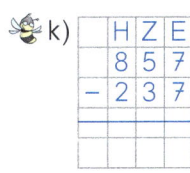 k)
H	Z	E
8	5	7
−2	3	7

l)
H	Z	E
8	0	6
−4	0	2

3 Schreibe untereinander. Subtrahiere schriftlich.

a) 486 − 134
597 − 243
678 − 350

b) 376 − 52
853 − 630
564 − 203

c) 907 − 703
178 − 56
842 − 121

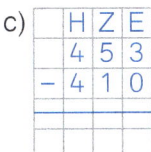 d) 764 − 540
299 − 78
458 − 326

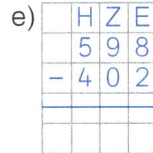 e) 698 − 215
475 − 324
287 − 25

122 132 151 204 221 223 224 262 324 328 352 354 361 483 717 721

4 Erkläre die Muster. Schreibe untereinander und subtrahiere. Setze fort.

a) 978 − 421
867 − 421
756 − 421
___ − ___

b) 798 − 362
798 − 473
798 − 584
___ − ___

c) 356 − 230
467 − 341
578 − 452
___ − ___

d) 958 − 537
847 − 426
736 − 315
___ − ___

e) Welches Päckchen beschreibt Moritz?

„Beide Zahlen werden immer um 111 kleiner.
Deshalb bleibt die Differenz immer gleich."

Alle Aufgaben ohne Übertrag.
1 Links: Abziehverfahren (auf Seite 68 weiterarbeiten). Rechts: Ergänzungsverfahren (auf Seite 69 weiterarbeiten).

Entweder nach dem **Abziehverfahren**

1 Lege 241.
Nimm 128 weg.

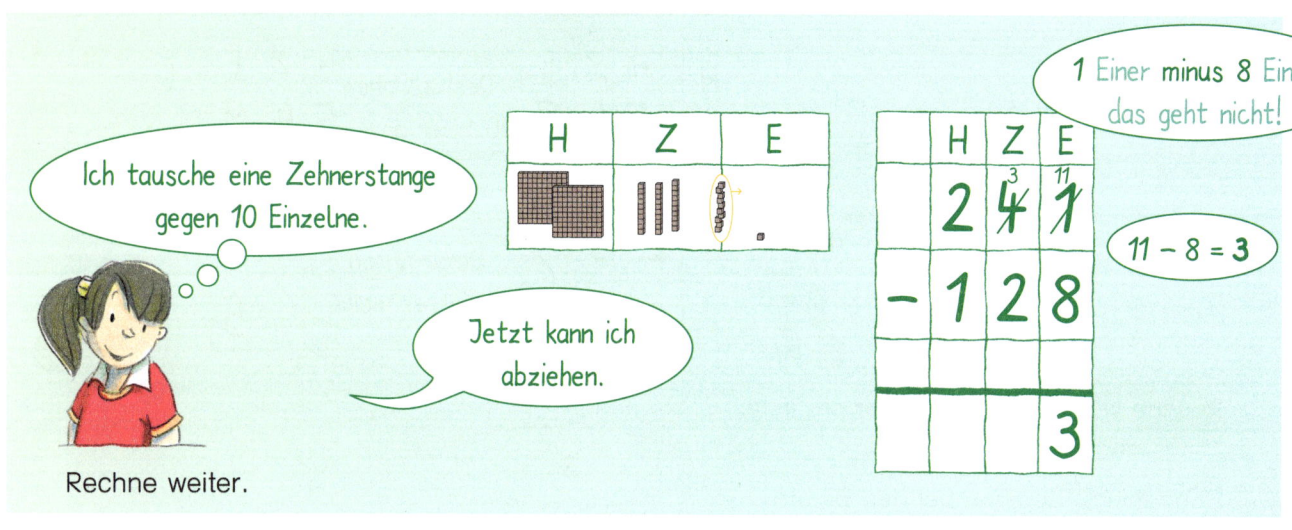

Ich tausche eine Zehnerstange gegen 10 Einzelne.

Jetzt kann ich abziehen.

1 Einer minus 8 Einer das geht nicht!

11 – 8 = **3**

Rechne weiter.

2

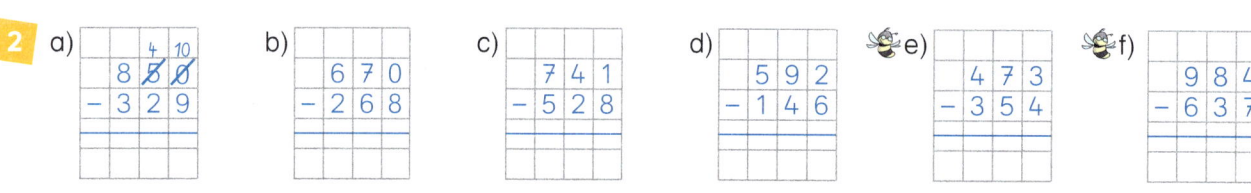

a)
```
  4 10
8 5 0
-3 2 9
```

b)
```
6 7 0
-2 6 8
```

c)
```
7 4 1
-5 2 8
```

d)
```
5 9 2
-1 4 6
```

e)
```
4 7 3
-3 5 4
```

f)
```
9 8 4
-6 3 7
```

3 Schreibe untereinander. Subtrahiere schriftlich.

a) 960 – 419
870 – 235
740 – 326

b) 471 – 137
752 – 328
683 – 456

c) 863 – 754
593 – 285
462 – 137

d) 555 – 307
777 – 609
666 – 408

e) 340 – 135
853 – 238
575 – 349

109 168 205 226 227 248 258 308 325 334 375 414 424 541 615 635

4

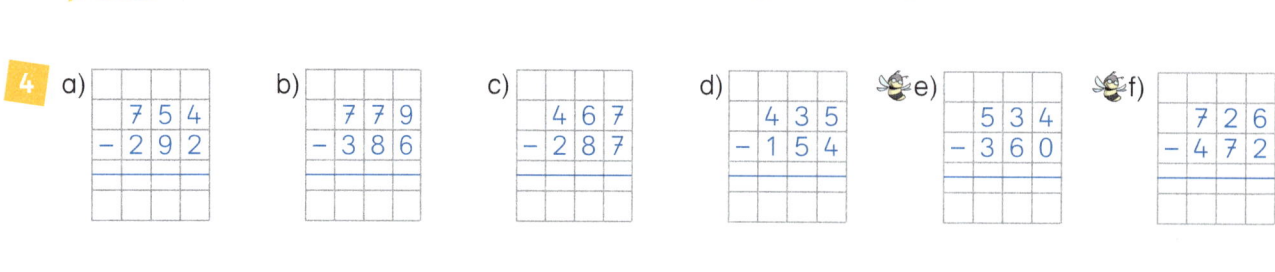

a)
```
7 5 4
-2 9 2
```

b)
```
7 7 9
-3 8 6
```

c)
```
4 6 7
-2 8 7
```

d)
```
4 3 5
-1 5 4
```

e)
```
5 3 4
-3 6 0
```

f)
```
7 2 6
-4 7 2
```

5

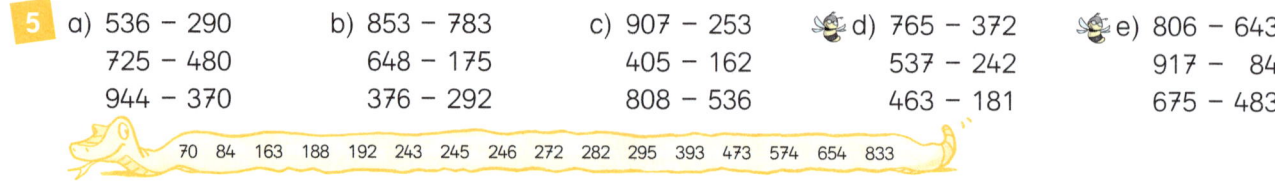

a) 536 – 290
725 – 480
944 – 370

b) 853 – 783
648 – 175
376 – 292

c) 907 – 253
405 – 162
808 – 536

d) 765 – 372
537 – 242
463 – 181

e) 806 – 643
917 – 84
675 – 483

70 84 163 188 192 243 245 246 272 282 295 393 473 574 654 833

6

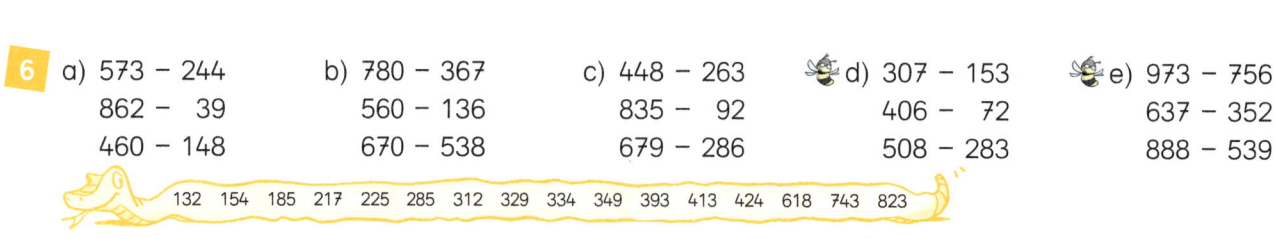

a) 573 – 244
862 – 39
460 – 148

b) 780 – 367
560 – 136
670 – 538

c) 448 – 263
835 – 92
679 – 286

d) 307 – 153
406 – 72
508 – 283

e) 973 – 756
637 – 352
888 – 539

132 154 185 217 225 285 312 329 334 349 393 413 424 618 743 823

Entweder diese Seite (Abziehverfahren mit Entbündeln) **oder** die nächste Seite (Ergänzungsverfahren mit Erweitern) nutzen.
Alle Aufgaben mit einem Übertrag: **1** bis **3** ein Zehner, **4** und **5** ein Hunderter, **6** Zehner oder Hunderter.

1

241 − 128

128 + _____ = 241

Minusaufgaben kann ich durch **Ergänzen** lösen.

8 Einer + ____ = 1 Einer
das geht nicht!

Rechne weiter.

H	Z	E
2	4	1¹⁰
−1	2	8
		1
		3

Deshalb oben
10 Einer dazu ...

Dafür unten
1 Zehner mehr.

8 plus **3** gleich *11*.

2

a)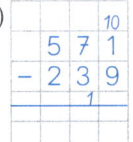
```
    10
  5 7 1
− 2 3 9
      1
```

b)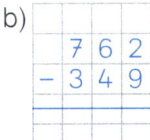
```
  7 6 2
− 3 4 9
```

c)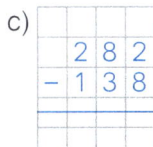
```
  2 8 2
− 1 3 8
```

d)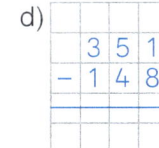
```
  3 5 1
− 1 4 8
```

🐝 e)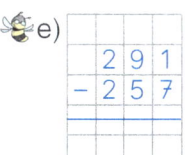
```
  2 9 1
− 2 5 7
```

🐝 f)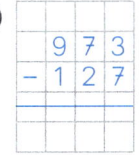
```
  9 7 3
− 1 2 7
```

3 Schreibe untereinander. Subtrahiere schriftlich.

a) 780 − 316
950 − 423
860 − 247

b) 581 − 226
862 − 237
473 − 158

c) 683 − 354
792 − 486
964 − 728

🐝 d) 888 − 409
666 − 208
555 − 307

🐝 e) 430 − 117
763 − 236
972 − 448

236 248 306 313 315 329 355 458 464 479 524 527 527 549 613 625

4

a)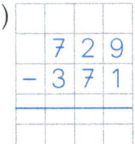
```
  7 2 9
− 3 7 1
```

b)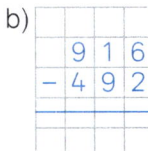
```
  9 1 6
− 4 9 2
```

c)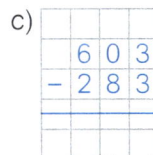
```
  6 0 3
− 2 8 3
```

d)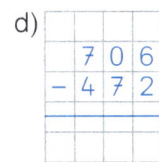
```
  7 0 6
− 4 7 2
```

🐝 e)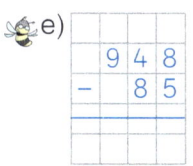
```
  9 4 8
−   8 5
```

🐝 f)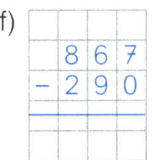
```
  8 6 7
− 2 9 0
```

5

a) 483 − 290
777 − 380
845 − 460

b) 528 − 183
907 − 655
614 − 371

c) 807 − 352
608 − 478
306 − 142

🐝 d) 953 − 470
406 − 122
754 − 83

🐝 e) 245 − 81
826 − 191
568 − 277

130 164 164 193 243 252 284 291 345 385 397 455 483 511 635 671

6

a) 483 − 134
952 − 28
570 − 157

b) 670 − 267
780 − 225
780 − 548

c) 348 − 165
836 − 71
769 − 385

🐝 d) 508 − 165
306 − 75
607 − 372

🐝 e) 863 − 447
527 − 263
777 − 549

183 228 231 232 235 264 343 349 384 403 413 416 510 555 765 924

Entweder diese Seite (Ergänzungsverfahren mit Erweitern) **oder** die vorige Seite (Abziehverfahren mit Entbündeln) nutzen.
Alle Aufgaben mit einem Übertrag: **1** bis **3** ein Zehner, **4** und **5** ein Hunderter, **6** Zehner oder Hunderter.

1

| 1 | 2 | 3 | 4 | 5 | 6 |

a) Legt mit diesen Ziffernkarten dreistellige Zahlen. Subtrahiert.

b) Vertauscht die Karten so, dass sich die Differenz ändert.

c) Vertauscht die Karten so, dass sich die Differenz nicht ändert.

```
  6 2 5
- 4 1 3
```

2

| 1 | 2 | 3 | 4 | 5 | 6 |

Legt Subtraktionsaufgaben.

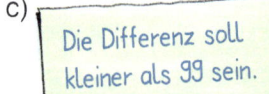

a) Die Differenz soll möglichst groß sein.

b) Die Differenz soll möglichst klein sein.

c) Die Differenz soll kleiner als 99 sein.

d) Die Differenz soll zwischen 200 und 300 liegen.

e) Die Differenz soll 333 betragen.

```
  □ □
- □ □
 3 3 3
```

3 Rechnet im Heft. Erkennt ihr die **Muster?** Setzt fort.

a)
```
  6 7 4    6 7 4    6 7 4    6 7 4    □□□    □□□    □
-   2 3   - 1 3 4  - 2 4 5  - 3 5 6  -□□□   -□□□   -
```

b)
```
  9 7 8    8 6 7    7 5 6    6 4 5    5 3 4    □□□    □
- 7 8 6   - 6 7 5  - 5 6 4  - 4 5 3  - 3 4 2  -□□□   -
```

c)
```
  5 9 7    5 7 7    5 5 7    5 3 7    5 1 7    □□□    □
- 2 3 3   - 2 1 3  - 1 9 3  - 1 7 3  - 1 5 3  -□□□   -
```

d)
```
  8 7 9    7 6 8    6 5 7    5 4 6    4 3 5    □□□    □
- 7 9 7   - 6 8 6  - 5 7 5  - 4 6 4  - 3 5 3  -□□□   -
```

4  Kann das stimmen?

Lara und Tim haben gelegt:
```
  5 6 8
- 5 7 6
```
Tim behauptet: „Da kommt 12 raus."

5 Findet ihr die fehlenden Ziffern?

a)
```
  □ 9 3
- 2 6 2
  5 3 1
```
 7

b)
```
  □□ 3
- 1 5 2
  7 4 1
```

c)
```
  □□□
- 5 3 4
  2 1 3
```

d)
```
  9 7 0
- □ 4 3
  7 2 7
```

e)
```
  6 5 6
- □□ 5
  1 1 1
```

f)
```
  7 8 7
- □□□
  2 5 0
```

6

a)
```
  7 6 □
- 5 4 3
  2 1 8
```

b)
```
  9 5 □
- 4 3 6
  5 1 4
```

c)
```
  □□□
- 5 4 1
  2 7 1
```

d)
```
  4 5 0
- 2 0 □
  2 4 7
```

e)
```
  7 3 0
- □□□
  6 2 8
```

f)
```
  4 2 6
- □□□
  2 3 4
```

1 Diff.: Alle Möglichkeiten finden. **3** bis **6** Ziffernkarten von 0 bis 9.
5 Ohne Überträge.

1

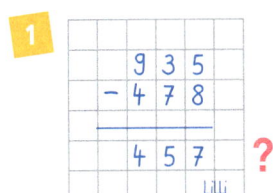

Rechen-konferenz

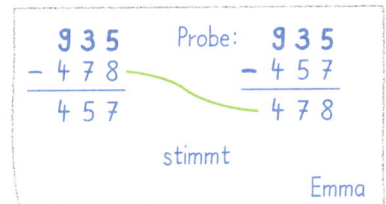

935
− 478
457
Probe: 935
− 457
478
stimmt
Emma

Wie überprüft Emma?

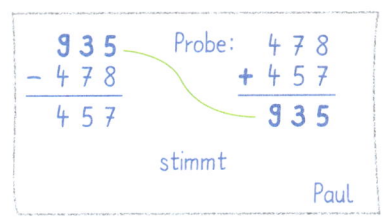

935
− 478
457
Probe: 478
+ 457
935
stimmt
Paul

Wie überprüft Paul?

2 Drei Kinder haben falsch gerechnet. Überprüft.
Entscheidet euch für Pauls **Probe** oder für Emmas **Probe**.

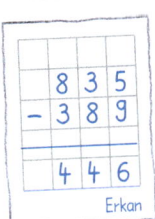
835
− 389
446
Erkan

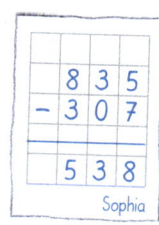
835
− 307
538
Sophia

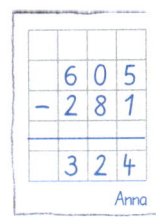
605
− 281
324
Anna

605
− 243
462
Jakob

748
− 659
89
Moritz

748
− 369
479
Laura

3 Können diese Ergebnisse stimmen? **Überschlage** nur.

a) $741 − 397 = 444$
b) $589 − 213 = 376$
c) $977 − 409 = 468$
d) $555 − 266 = 389$
e) $852 − 348 = 504$
f) $335 − 266 = 69$
Luis

a) Ü: $700 − 400 = 300$
444 kann nicht stimmen.

g) $712 − 596 = 216$
h) $623 − 467 = 56$
i) $859 − 263 = 596$
Hanna

j) $1000 − 227 = 873$
k) $493 − 321 = 172$
l) $612 − 188 = 524$
m) $777 − 308 = 429$
n) $321 − 242 = 79$
o) $548 − 561 = 13$
Elias

4 War das Rückgeld richtig ausgerechnet?

a) Frau Schulz hat ein Fahrrad gekauft. Es kostete 379 €.
Sie bezahlte mit vier 100-€-Scheinen und bekam 31 € zurück.

b) Frau Blanco kaufte eine Küchenwaage für 127 €.
Sie bezahlte mit einem 100-€-Schein und einem 50-€-Schein.
Sie erhielt 23 € zurück.

c) Herr Ott kaufte eine Uhr für 108 € und ein Bild für 25 €.
Er gab drei 50-€-Scheine und erhielt 17 € zurück.

W

5

a)	b)	c)	d)
$1000 = \_\_\_ \cdot 200$	$500 = \_\_\_ \cdot 100$	$800 = \_\_\_ \cdot 100$	$400 = \_\_\_ \cdot 100$
$1000 = \_\_\_ \cdot 100$	$500 = \_\_\_ \cdot 50$	$800 = \_\_\_ \cdot 200$	$400 = \_\_\_ \cdot 50$
$1000 = \_\_\_ \cdot 500$	$500 = \_\_\_ \cdot 250$	$800 = \_\_\_ \cdot 80$	$400 = \_\_\_ \cdot 80$
$1000 = \_\_\_ \cdot 250$	$500 = \_\_\_ \cdot 125$	$800 = \_\_\_ \cdot 40$	$400 = \_\_\_ \cdot 40$
$1000 = \_\_\_ \cdot 4$	$500 = \_\_\_ \cdot 10$	$800 = \_\_\_ \cdot 400$	$400 = \_\_\_ \cdot 200$
$1000 = \_\_\_ \cdot 8$	$500 = \_\_\_ \cdot 5$	$800 = \_\_\_ \cdot 800$	$400 = \_\_\_ \cdot 400$

Z. T. zwei Überträge.
1 und **2** Die verschiedenen Proben diskutieren und bewerten.
3 Eine Aufgabe ist unlösbar. Acht weitere Aufgaben wurden falsch gelöst.

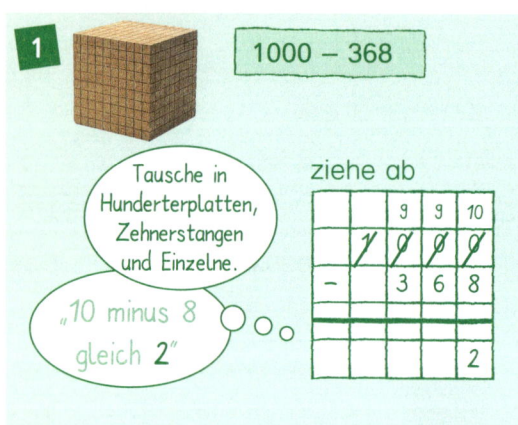

1 1000 – 368

Tausche in Hunderterplatten, Zehnerstangen und Einzelne.

„10 minus 8 gleich **2**"

ziehe ab

	9	9	10
1	0	0	0
–	3	6	8
			2

oder

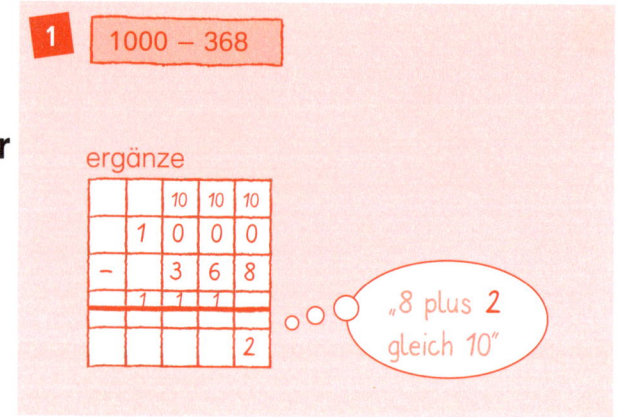

1 1000 – 368

ergänze

	10	10	10
1	0	0	0
–	3	6	8
1	1	1	
			2

„8 plus **2** gleich 10"

2
a) 1000 – 406
b) 900 – 217
c) 300 – 114
d) 1000 – 555
e) 800 – 444
f) 1000 – 206
g) 1000 – 907

3
a) 807 – 215
b) 530 – 378
c) 1000 – 505
d) 906 – 847
e) 700 – 608
f) 1000 – 333
g) 602 – 325

 4
a) 2000 – 406
b) 9000 – 217
c) 9000 – 2170
d) 1000 – 1001
e) 3000 – 3110
f) 10000 – 5555
g) 7000 – 608

 **5** Rechen-konferenz

405 – 397

Im Kopf oder schriftlich?

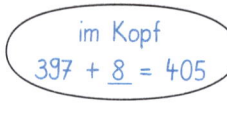 im Kopf
397 + 8 = 405

schriftlich
405 – 397
8

6 Überlege immer zuerst, ob du **im Kopf** oder **schriftlich** rechnen willst.

a) 406 – 399
505 – 278
782 – 752
901 – 537
802 – 782

a) 399 + 7 = 406
505 – 278
227
752 + 30 = 782

b) 846 – 378
302 – 299
573 – 523
706 – 389
602 – 247

c) 957 – 130
424 – 178
606 – 595
388 – 148
503 – 495

d) 1003 – 997
1027 – 987
1036 – 758
1205 – 602
1120 – 920

0   3   6   7   8   11   20   30   40   50   200   227   240   246   278   317   355   364   468   603   827

 **7** Subtrahiere schriftlich oder im Kopf.
Bei einigen Aufgaben kannst du einen Rechenvorteil nutzen.

a) 547 – 99   547 – 100 + 1
547 – 199
547 – 299
547 – 388

b) 634 – 198
634 – 457
634 – 99

c) 465 – 399
465 – 286
465 – 198
465 – 99

d) 856 – 568
673 – 298
527 – 99
752 – 199

e) 1016 – 99
1200 – 198
1546 – 387
2000 – 299

 66   87   159   177   179   248   267   288   348   366   375   428   436   448   535   553   917   1002   1159   1701

1 bis 4 Thematisieren: Null im Minuenden.
1 und 2 Links: Abziehverfahren mit Entbündeln. Rechts: Ergänzungsverfahren mit Erweitern.
4 Zwei Aufgaben sind nicht lösbar. 5 bis 7 Feststellen, dass manche Aufgaben schneller im Kopf gelöst werden können.

Schultüte

Dach

Kirchturmdach

Globus

Zelt

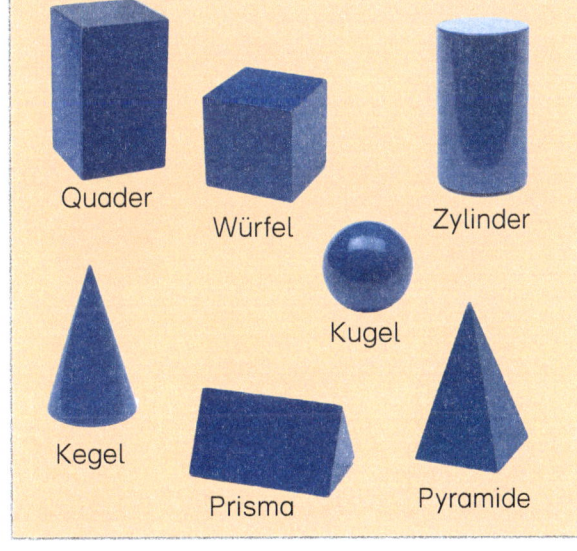

Quader
Würfel
Zylinder
Kugel
Kegel
Prisma
Pyramide

Zettelbox

Zahncremeschachtel

a) Welche geometrischen Körper erkennt ihr in den Gegenständen?

b) Legt eine Liste an.

Gegenstände	Körper
Schultüte	Kegel
Dach	

c) Sucht weitere Beispiele. Tragt sie ein.

Aquarium

Torte

Kerze

2

Welche Körperformen entdeckst du?

Schaue einmal aus einem Dachfenster oder von einem Balkon.

1 Ich fühle eine Kante. — Anna

Ich fühle zwei gleiche Flächen. — Pia

Max

Was fühlen die Kinder? Welche Körper sind es?

2

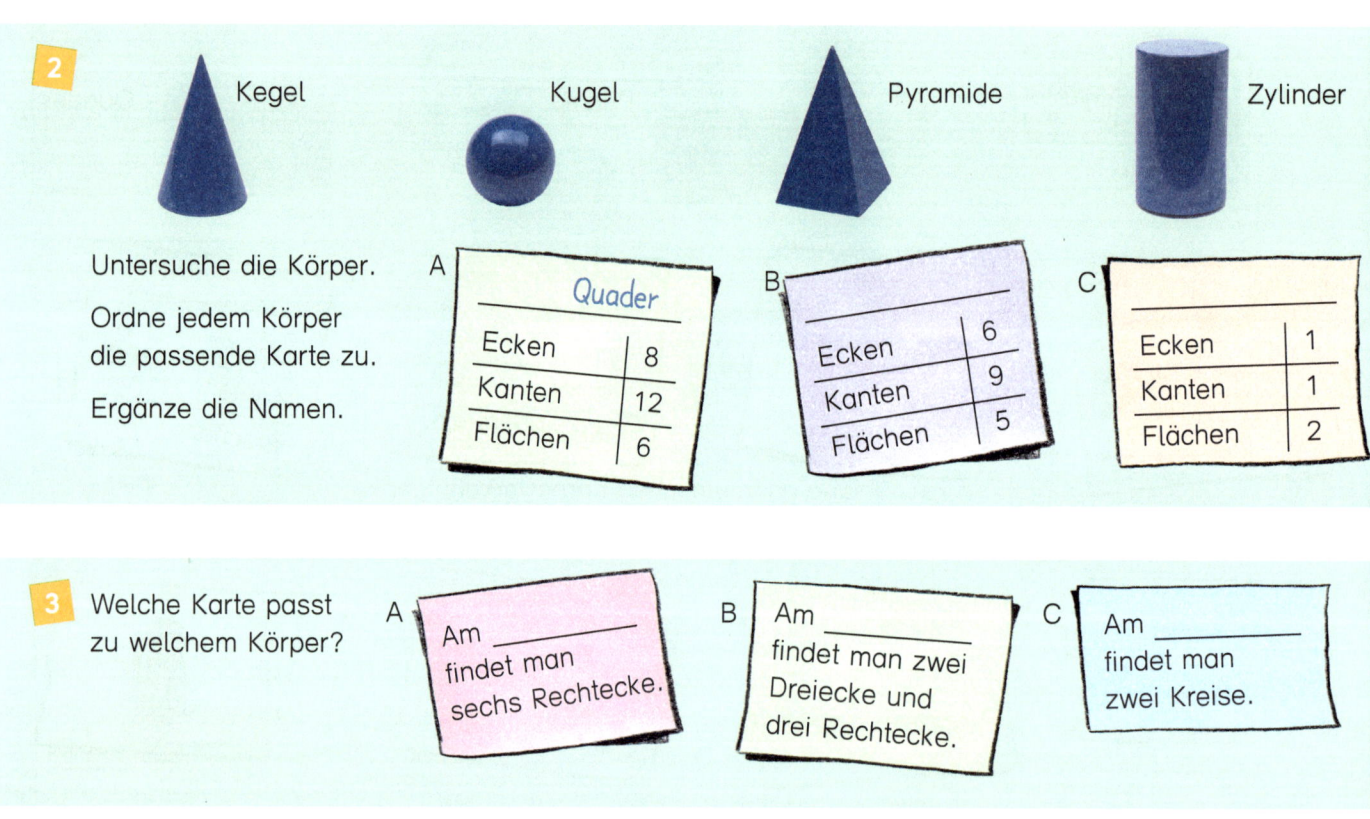

Kegel   Kugel   Pyramide   Zylinder

Untersuche die Körper.

Ordne jedem Körper die passende Karte zu.

Ergänze die Namen.

A

Quader	
Ecken	8
Kanten	12
Flächen	6

B

Ecken	6
Kanten	9
Flächen	5

C

Ecken	1
Kanten	1
Flächen	2

3 Welche Karte passt zu welchem Körper?

A
Am _____ findet man sechs Rechtecke.

B
Am _____ findet man zwei Dreiecke und drei Rechtecke.

C
Am _____ findet man zwei Kreise.

4 a) Welche Körper kannst du aus diesen Netzen bauen?

b) Zu welchem Körper findest du kein Netz?

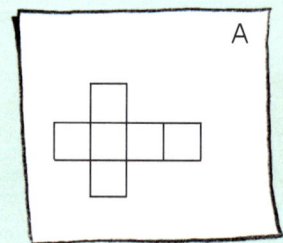 A

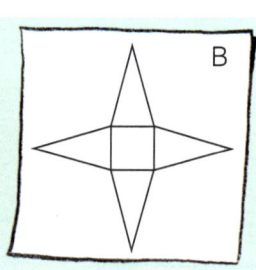 B

5 Welche Körper sind gemeint?

Forschungs-auftrag

A
Dieser Körper kann rollen.

B
Dieser Körper kann rollen, aber er kann nicht geradeaus rollen.

C
Diesen Körper kann man nur kippen, nicht rollen.

D
Mit diesem Körper kann man Mauern bauen.

5 Meist mehrere Möglichkeiten (außer B und E).

1

Turm 1   Turm 2   Turm 3

a) Tragt die Anzahl der verschiedenen Bausteine in eine Tabelle ein.

	Turm 1	Turm 2	Turm 3
Würfel	4		
Quader			
Zylinder			
Kegel			
Prisma			
Pyramide			
Kugel			

Julius

b) Julius hat Turm 1 von vorn aus freier Hand gezeichnet. Probiert auch.

2

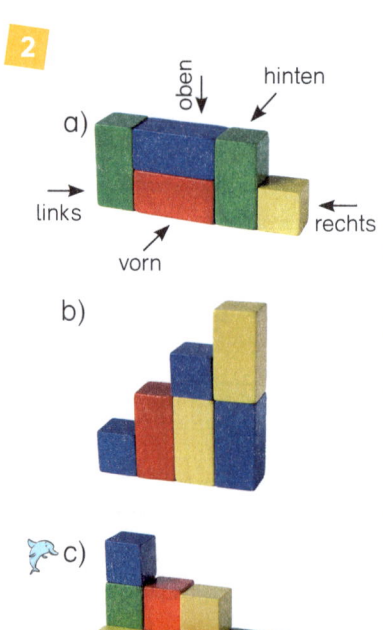

a) oben / hinten / links / vorn / rechts

b)

c)

Welche Ansichten sind dargestellt?

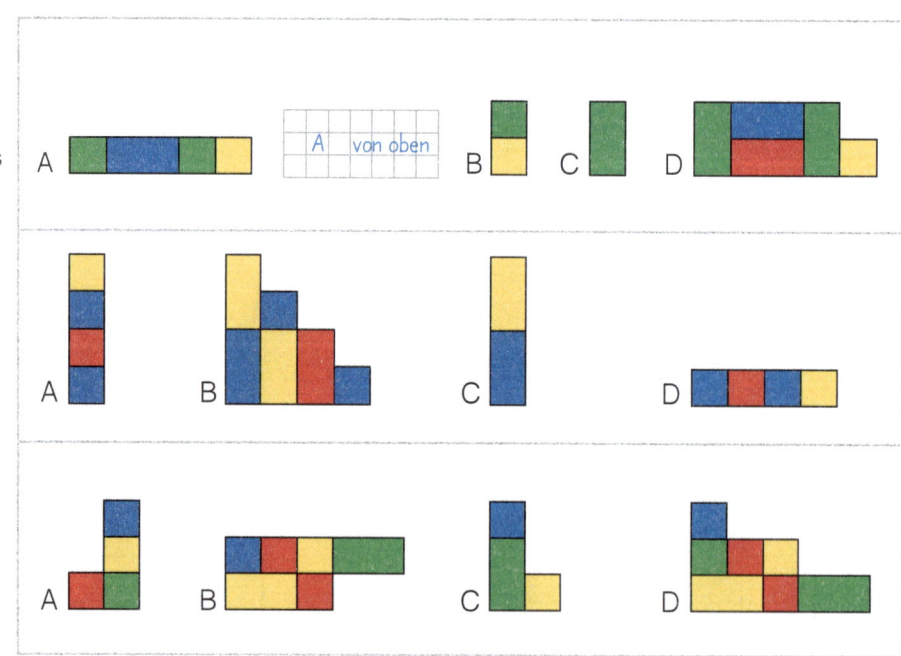

A   A von oben   B   C   D

A   B   C   D

A   B   C   D

3 Zeichne diese Figuren von vorn aus freier Hand.

A   B   C   D

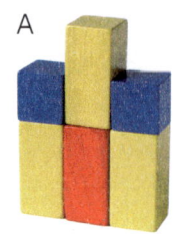

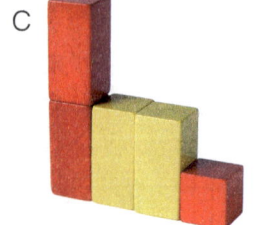

2 Ggf. nachbauen und aus verschiedenen Richtungen betrachten.
3 Diff.: Verschiedene Ansichten zeichnen.

1 Aus welcher Himmelsrichtung seht ihr welche **Seitenansicht**? Schreibt auf.

a)

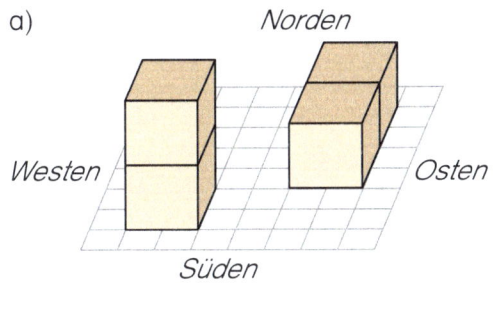

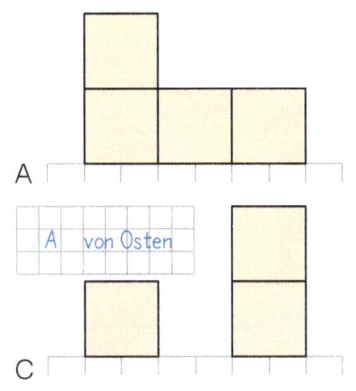

A   B

A von Osten

Baue nach. Prüfe.

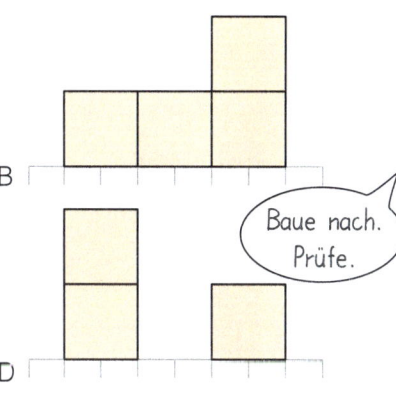

C   D

b)

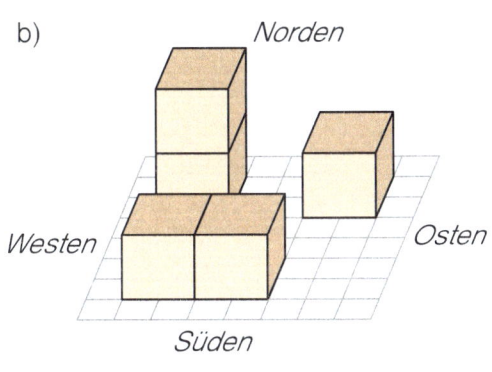

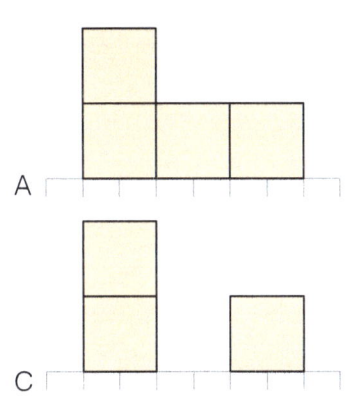

A   B

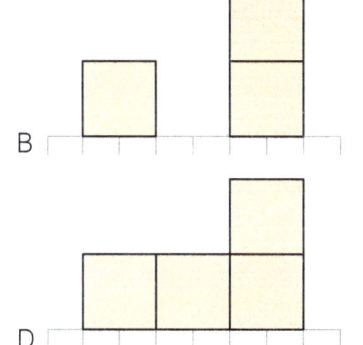

C   D

c)

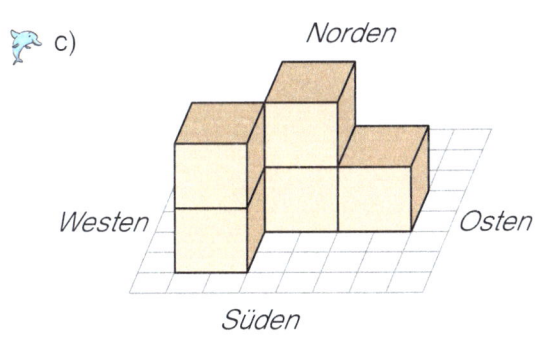

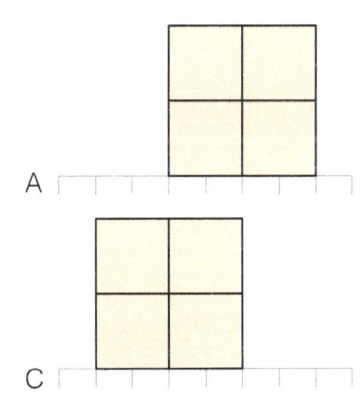

A   B

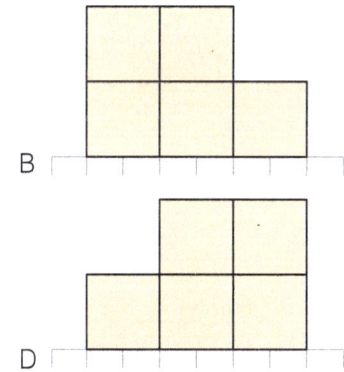

C   D

d)

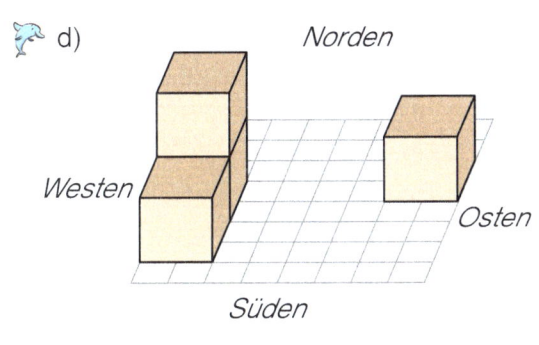

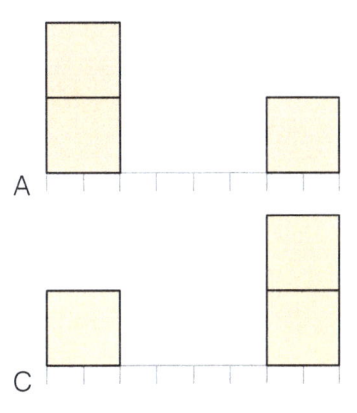

A   B

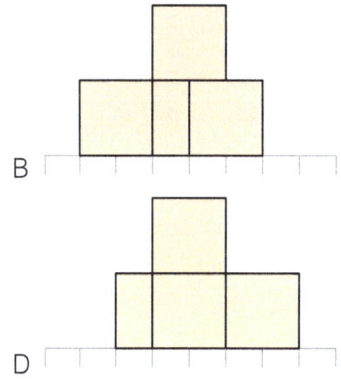

C   D

 2 Baut eigene Würfelgebäude auf einem Plan.
Zeichnet die Seitenansichten.

1 Nachbauen auf einem Plan, Kopiervorlage. Schauen von allen Seiten.

1

Wie viele Würfel fehlen noch?

2
Ein **Bauplan** beschreibt die Anzahl und Anordnung der Würfel in einem Würfelgebäude.

Baue nach.
Vervollständige den Bauplan.

3 Ordnet jedem Würfelgebäude seinen Bauplan zu. Baut nach.

a) 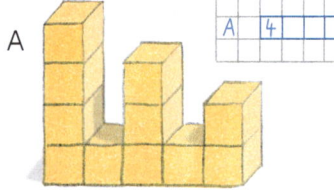 b) c)  d)  e)

B | 3 | 3 | 3 |
| 2 | 2 | 2 |
A | 1 | 3 | 3 | 1 |
| 1 | 1 | 1 |

C | 5 | 4 | 3 | 2 |
| 5 | 4 | 3 | 2 |

D | 1 | 4 | 1 |

E | 3 | 3 | 1 | 1 |
| 3 | 3 | 1 | 1 |

F | 1 | 1 | 4 |

4   a) Schreibt Baupläne zu diesen Gebäuden. Fällt euch etwas auf?

A  A | 4 | | | |

B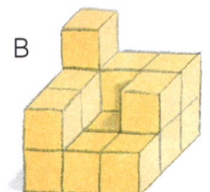

C

D

b) Schreibt eigene Baupläne. Baut und überprüft.

5 Baut nach. Schreibt jeweils einen Bauplan.

A B C D

6
Wie viele verschiedene Gebäude könnt ihr mit vier Würfeln bauen?
Schreibt Baupläne und vergleicht.

Forschungs-auftrag

6 Es gibt 13 Möglichkeiten.

1 Klappt eine solche Schachtel auf.

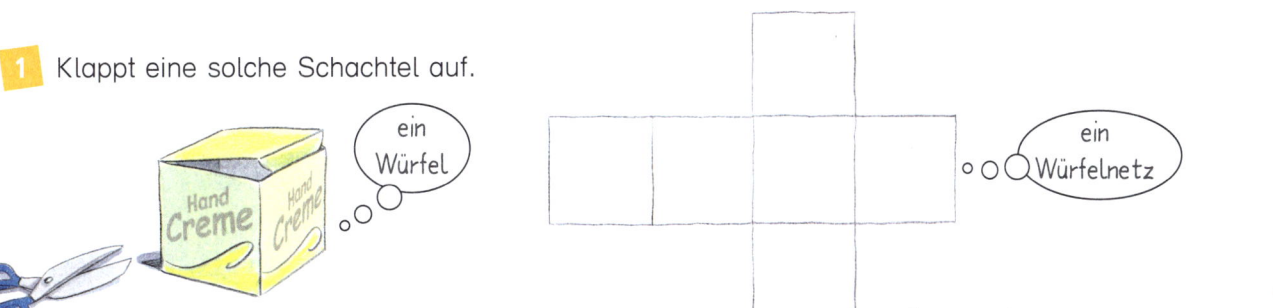

Beschreibt dieses Würfelnetz.

2 a) Nehmt immer sechs Quadrate. Legt diese Netze.
Klebt die Quadrate aneinander und überprüft.

b) Aus zwei Netzen kann man keinen Würfel bauen.
Warum nicht? Begründet.

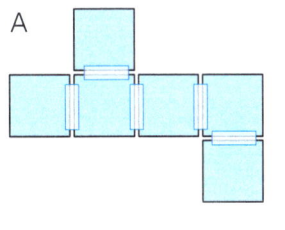

A

B

C

D

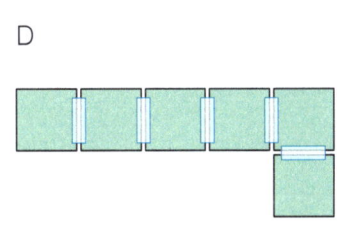

E

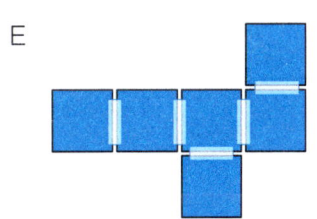

F

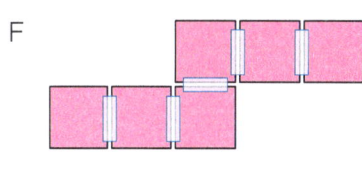

3  Wie viele verschiedene Würfelnetze gibt es insgesamt?

4 Das ist das Netz eines Spielwürfels.
Zeichnet das Netz und färbt
die gegenüberliegenden Flächen
in derselben Farbe.

Was fällt euch auf?

5 Welche Netze passen zu einem Spielwürfel?
Zeichnet, schneidet aus. Überprüft.

A

B

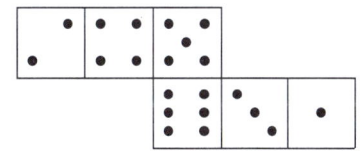C D

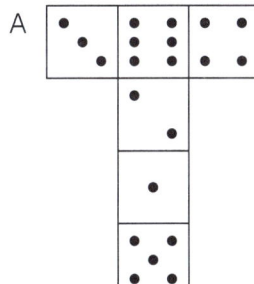

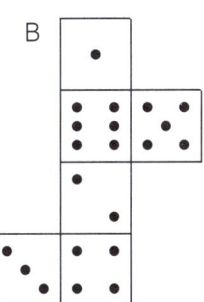

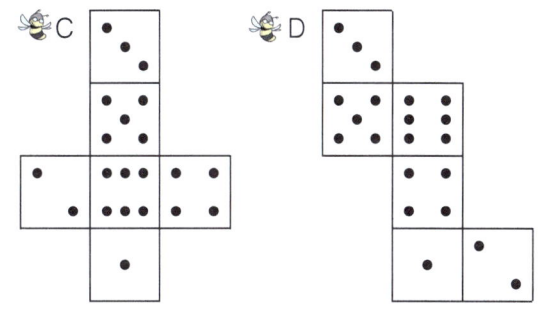

6 Baut einen eigenen Spielwürfel.

3 bis 5 Kopiervorlage.
4 Summe der Punkte auf den gegenüberliegenden Flächen ist immer 7.

1

Überprüft die Rechnung
mit dem Überschlag.

2 Überprüfe diese Rechnungen mit dem Überschlag.

a)
$$\begin{array}{r} 8,73 \\ + 4,25 \\ \hline 11,98 \end{array}$$

a) Ü: 9 € + 4 € = 13 €
11,98 € kann
nicht stimmen.

b)
$$\begin{array}{r} 5,73 \text{ €} \\ + 4,69 \text{ €} \\ \hline 9,24 \text{ €} \end{array}$$

c)
$$\begin{array}{r} 5,38 \text{ €} \\ 4,89 \text{ €} \\ + 2,48 \text{ €} \\ \hline 10,35 \text{ €} \end{array}$$

d)
$$\begin{array}{r} 2,13 \text{ €} \\ 2,75 \text{ €} \\ + 2,90 \text{ €} \\ \hline 7,78 \text{ €} \end{array}$$

e)
$$\begin{array}{r} 1,84 \text{ €} \\ 3,79 \text{ €} \\ + 4,98 \text{ €} \\ \hline 10,61 \text{ €} \end{array}$$

f)
$$\begin{array}{r} 5,86 \text{ €} \\ 12,15 \text{ €} \\ + 3,05 \text{ €} \\ \hline 19,06 \text{ €} \end{array}$$

g)
$$\begin{array}{r} 4,78 \text{ €} \\ 5,01 \text{ €} \\ + 3,12 \text{ €} \\ \hline 10,91 \text{ €} \end{array}$$

h)
$$\begin{array}{r} 9,95 \text{ €} \\ 0,78 \text{ €} \\ + 7,25 \text{ €} \\ \hline 17,98 \text{ €} \end{array}$$

i)
$$\begin{array}{r} 7,28 \text{ €} \\ + 9,80 \text{ €} \\ \hline 17,08 \text{ €} \end{array}$$

j)
$$\begin{array}{r} 4,58 \text{ €} \\ 4,28 \text{ €} \\ + 7,75 \text{ €} \\ \hline 15,61 \text{ €} \end{array}$$

k)
$$\begin{array}{r} 0,95 \text{ €} \\ 11,82 \text{ €} \\ + 7,05 \text{ €} \\ \hline 19,82 \text{ €} \end{array}$$

3 **Reicht das Geld?** Überschlage.

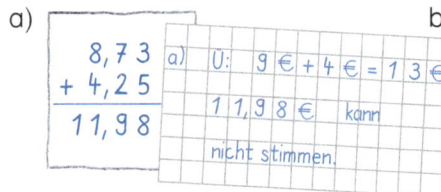

Stifte
5,89 €

Sudoku
2,60 €

Ball
7,95 €

Heft
0,65 €

Comic
1,98 €

a) Tim hat 7 €. Er möchte Stifte und
ein Sudoku-Heft kaufen.

b) Esra möchte ein Comic, ein Heft und
einen Ball kaufen. Sie hat noch 13 €.

c) Celine besitzt noch 9 €. Sie möchte
zwei Sudoku-Hefte und einen Ball kaufen.

d) Du hast 15 €. Was würdest du kaufen?

W

4 Der Sportverein hat Lose verkauft. Wie viele waren es an den einzelnen Tagen?

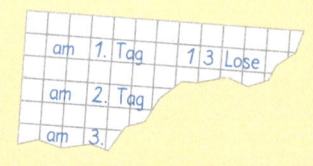

am 1. Tag   13 Lose
am 2. Tag
am 3.

1

Buntstifte **3,75 €**

Klebestift **1,49 €**

Anspitzer **0,49 €**

Farbkasten **4,49 €**

a) Sara kauft einen Farbkasten und einen Anspitzer.
   Wie viel muss sie bezahlen?

b) Serkan möchte einen Klebestift und Buntstifte kaufen.
   Wie viel kostet es zusammen?

c) Leon kauft zwei Klebestifte.
   Wie viel muss er bezahlen?

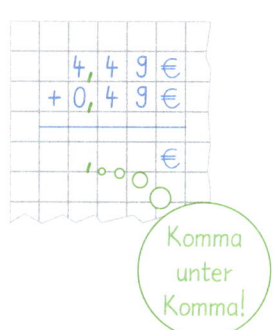

Komma unter Komma!

---

2 Addiere schriftlich.

a) 12,55 € + 44,12 €
   34,09 € + 25,85 €
   48,70 € + 12,25 €
   51,46 € + 33,51 €

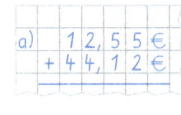

b) 27,32 € + 32,85 €
   63,17 € + 13,19 €
   84,76 € + 15,13 €
   75,64 € + 17,31 €

c) 17,98 € + 9,98 €
   24,25 € + 0,82 €
   30,88 € + 10,05 €
   92,53 € + 6,28 €

25,07 €   27,96 €   30,26 €   40,93 €   56,67 €   59,94 €   60,17 €   60,95 €   76,36 €   84,97 €   92,95 €   98,81 €   99,89 €

---

3 Addiere schriftlich oder im Kopf.

a) 9,75 € + 25 ct
   17,29 € + 50 ct
   26,94 € + 7 ct

0,25 €

b) 59 € + 14,02 €
   82,86 € + 86 €
   7 € + 104,12 €

c) 1,97 € + 5 ct
   21 ct + 1,84 €
   9 € + 282,40 €

d) 8,35 € + 1,24 € + 6 €
   0,69 € + 3 € + 1,20 €
   77 ct + 4,02 € + 2,18 €

2,02 €   2,05 €   4,89 €   6,97 €   10 €   15,59 €   17,79 €   27,01 €   73,02 €   100 €   111,12 €   168,86 €   291,40 €

---

4 Lennart hat 35,86 €. Er kauft eine Lupe für 12,25 €.
   Wie viel Geld bleibt übrig?

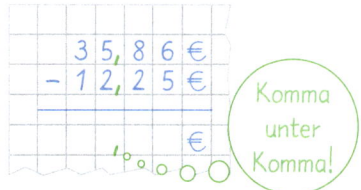

Komma unter Komma!

---

5 Subtrahiere schriftlich oder im Kopf.

a) 17,52 € – 3,74 €
   78,45 € – 8,99 €
   43,42 € – 0,87 €
   20,75 € – 9,95 €

b) 12,38 € – 12,26 €
   51,57 € – 43,39 €
   13,56 € – 7,84 €
   61,12 € – 27,25 €

c) 6,42 € – 0,89 €
   18,12 € – 7,25 €
   79,06 € – 4,17 €
   82,20 € – 76,12 €

d) 56,57 € – 12 € 8 ct
    7,28 € – 5 € 3 ct
   75,09 € – 48 € 12 ct
   48,32 € – 47 € 88 ct

0,12 €   0,44 €   2,25 €   5,53 €   5,72 €   6,08 €   8,18 €   10,80 €   10,87 €   13,78 €   26,97 €   33,87 €   42,55 €   44,49 €   50 €   69,46 €   74,89 €

---

6 Jedes Kind geht mit 10 € einkaufen.
   Für das restliche Geld darf es sich ein Eis kaufen. Eine Kugel kostet 80 ct.
   Reicht das Restgeld? Rechne genau aus **oder** überschlage.

Anna:	2,61 € + 3,84 € + 2,71 €	Magdalena: 1,34 € + 2,48 € + 4,73 € + 65 ct
Vera:	3,43 € + 5,47 € + 0,39 €	Lara: 0,75 € + 4,32 € + 1,25 € + 3 €
Kemal:	1,85 € + 7,86 €	Kira: 0,85 € + 2,34 € + 3,98 € + 2 €
Lia:	0,88 € + 8,89 € + 0,05 €	Felix: 2,05 € + 0,87 € + 5,36 € + 99 ct

---

1 und 4 Rechnung und Antwort im Heft notieren.
3 Kommaschreibweise beachten. Ggf. Geldbeträge einheitlich in Kommaschreibweise darstellen.

ANGEBOTE
- Aquarium mit Zubehör 63,75 €
- Bündel Pflanzen 8,20 €
- Beutel Wasserflöhe 1,20 €

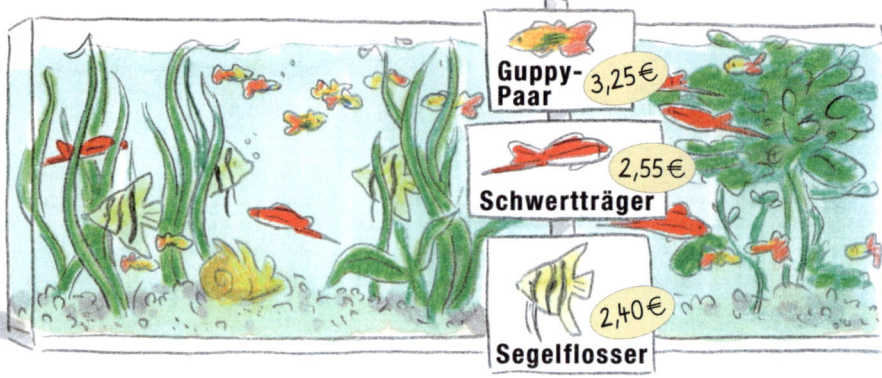

Guppy-Paar 3,25 €

Schwertträger 2,55 €

Segelflosser 2,40 €

1 a) Bitte einen Segelflosser und einen Schwertträger. Wie viel muss ich bezahlen?

b) Ich hätte gern ein Aquarium mit Zubehör, ein Bündel Pflanzen und einen Beutel Wasserflöhe. Wie viel kostet das?

c) Ich habe 20 €. Wie viele Bündel Pflanzen kann ich mir kaufen?

d) Reichen 20 € für einen Segelflosser und ein Bündel Pflanzen?

e) Was würdet ihr kaufen? Rechnet.

2 Welche Antwort passt zu welcher Rechengeschichte? Rechnet und ordnet zu.

a) Sven kauft zwei Schwertträger. Wie viel muss er bezahlen?

b) Franziska bezahlt mit einem 10-€-Schein. Sie bekommt 1,80 € zurück. Was könnte sie gekauft haben?

c) Ronja hat einen 5-€-Schein. Sie kauft einen Beutel Wasserflöhe. Wie viel Geld bekommt sie zurück?

d) Svenjas Mutter kauft ein Aquarium mit Zubehör und ein Bündel Pflanzen. Sie hat 100 €. Wie viel Geld hat sie dann noch übrig?

A Sie könnte _____ gekauft haben.

B Er muss insgesamt _____ € bezahlen.

C Sie hat noch _____ € übrig.

D Sie bekommt _____ € zurück.

3 Erfindet eine passende Rechengeschichte und Frage zu dieser Antwort.

Suat muss insgesamt 4,80 € bezahlen.

W

4 mal

a) 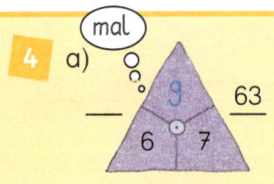 63 6 7 9

b) 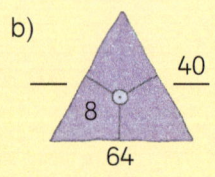 40 8 64

c) 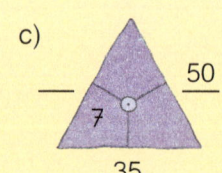 50 7 35

d) 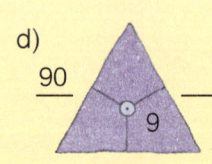 90 9 81

e) 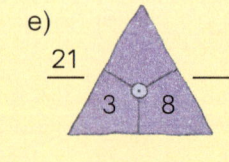 21 3 8

1 Mehrere Klassen der Waldschule möchten neue Softbälle kaufen.
Legt eine **Preistabelle** an.
Erklärt, wie ihr die Preise herausfindet.

Softbälle	Preis
1	7 €
2	14 €
3	21 €
4	
6	
10	
9	

4 · 7 €

2 · 14 €

2 Lege jeweils eine Preistabelle an.

a)
Springseile	Preis
1	6 €
2	
4	
5	30 €
10	

10 · 6 €

30 € + 30 €

b)
Gummitwiste	Preis
1	
2	
4	
5	
10	

c)
Jojos	Preis
1	
2	
5	
10	
20	

d) Die Waldschule hat 200 €. Was könnte sie kaufen? Nutze die Preistabellen.

3 Zu welchen Pausenspielen passen diese Preistabellen? Rechne.

a)
_____	Preis
1	
2	16 €
4	32 €
8	

b)
_____	Preis
1	
2	18 €
5	
10	

c)
_____	Preis
1	
2	36 €
4	
6	

d)
_____	Preis
1	
2	70 €
9	
10	

4 Sucht weitere Spielgeräte und deren Preise in Katalogen, Geschäften oder im Internet.
Legt jeweils eine Preistabelle an.

5 Wer ist wer? Ordne die Spielgeräte zu.

zum Knobeln

Das linke Kind hat Stelzen.
Karlo mag kein Tischtennis.
Pedro hat keine Stelzen.
Enno spielt nicht mit Jojos,
aber Tischtennis.
Pedro steht rechts neben Enno.

A  B C

Name: _____ _____ _____

Spiel: _____ _____ _____

1 Welche Zehnerzahlen könnten es sein?

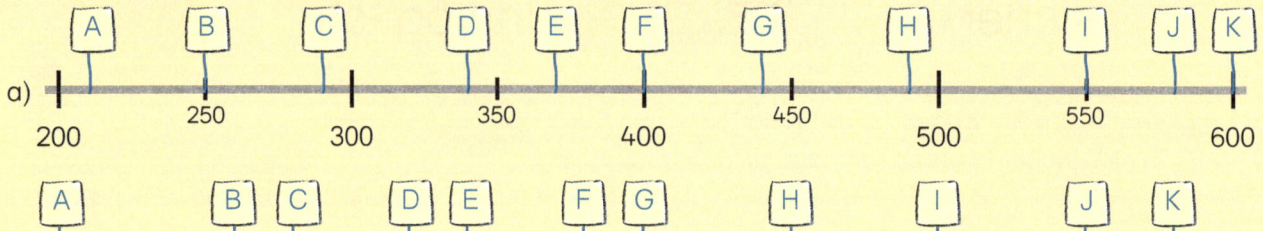

a)
```
      A    B    C    D   E  F      G      H        I   J  K
```
200   250   300   350   400   450   500   550   600

b)
```
   A         B  C    D  E    F  G      H        I        J  K
```
600   700   800   900

2 a) 222 + 600   b) 234 + 600   c) 456 + 500   d) 435 − 400   e) 987 − 900
        222 + 60   234 + 60   456 + 50   435 − 30   987 − 90
        222 +   6   234 +   6   456 +   5   435 −   5   987 −   9

        333 + 500   345 + 500   567 + 300   654 − 600   321 − 300
        333 + 50   345 + 50   567 + 30   654 − 50   321 − 30
        333 +   5   345 +   5   567 +   3   654 −   4   321 −   3

3

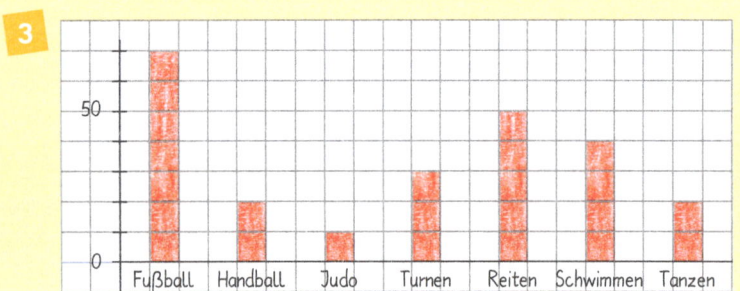

Wie viele Kinder betreiben
die jeweilige Sportart?

Fußball	7 0 Kinder
Handball	
Judo	

4 Wie viel Gramm fehlt?

a) 1 kg   b) 1 kg   c) 1 kg
   500 g   990 g   100 g
   250 g   910 g   90 g
   210 g   110 g   55 g
   205 g   101 g   7 g

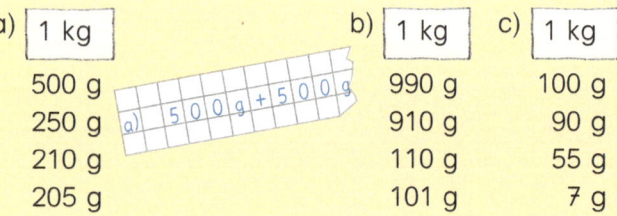

5 Wie viel Geld fehlt?

a) 1 €   b) 2 €   c) 10 €
   0,40 €   1,90 €   5,00 €
   0,04 €   0,10 €   5,50 €
   0,44 €   1,10 €   0,50 €
   0,14 €   0,99 €   9,50 €

6 Punktrechnen vor Strichrechnen.

a) 30 + 28 : 7   b) 35 : 7 + 15   c) 48 − 18 : 9   d) 81 : 9 − 8
   20 + 24 : 6   32 : 8 + 21   45 − 56 : 8   72 : 8 − 9
   40 + 25 : 5   36 : 4 + 17   50 − 42 : 7   64 : 8 − 4
   50 + 21 : 3   30 : 6 + 28   60 − 45 : 5   48 : 6 − 2
   60 + 20 : 4   36 : 6 + 11   66 − 49 : 7   42 : 6 − 4

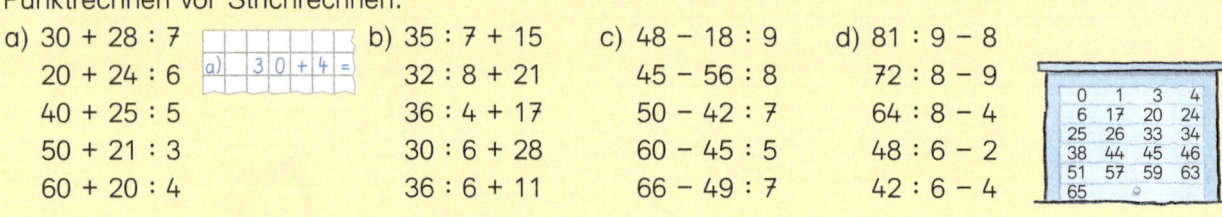

7 Welche Rechenzeichen passen?

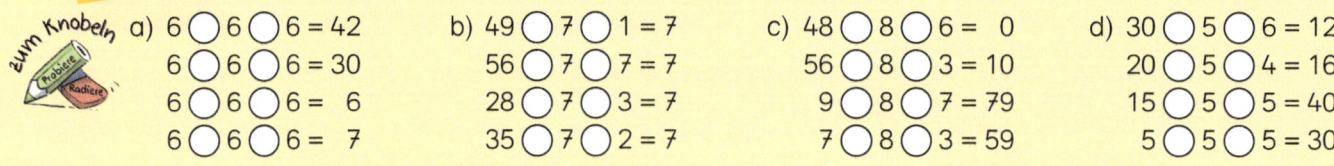

zum Knobeln

a) 6 ◯ 6 ◯ 6 = 42   b) 49 ◯ 7 ◯ 1 = 7   c) 48 ◯ 8 ◯ 6 = 0   d) 30 ◯ 5 ◯ 6 = 12
   6 ◯ 6 ◯ 6 = 30   56 ◯ 7 ◯ 7 = 7   56 ◯ 8 ◯ 3 = 10   20 ◯ 5 ◯ 4 = 16
   6 ◯ 6 ◯ 6 = 6   28 ◯ 7 ◯ 3 = 7   9 ◯ 8 ◯ 7 = 79   15 ◯ 5 ◯ 5 = 40
   6 ◯ 6 ◯ 6 = 7   35 ◯ 7 ◯ 2 = 7   7 ◯ 8 ◯ 3 = 59   5 ◯ 5 ◯ 5 = 30

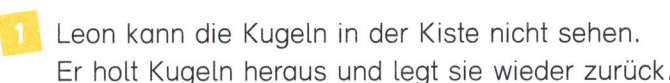

sicher	möglich	unmöglich
	aber nicht sicher	

1 Leon kann die Kugeln in der Kiste nicht sehen.
Er holt Kugeln heraus und legt sie wieder zurück.

Sicher, möglich, unmöglich? Entscheidet und begründet.

a)

> **A** Er zieht zwei rote Kugeln heraus.
> **B** Er greift drei blaue Kugeln heraus.
> **C** Er holt sechs Kugeln in der gleichen Farbe heraus.

Probiert es selbst.

b)

> **A** Er holt zwei Kugeln in der gleichen Farbe heraus.
> **B** Er zieht drei rote Kugeln heraus.
> **C** Er greift vier Kugeln in der gleichen Farbe heraus.

2 Lia zieht jeweils eine Kugel und legt sie nicht zurück.

a) Wie oft muss sie hineingreifen, um sicher eine blaue Kugel zu ziehen? Begründet.

b) Wie oft muss sie hineingreifen, um sicher eine rote Kugel zu ziehen? Begründet.

3 Malt passende Kugeln.

a) „Ich ziehe sicher eine gelbe Kugel."

b) „Es ist unmöglich, dass ich eine rote Kugel ziehe."

c) „Es ist möglich, dass ich eine blaue Kugel ziehe."

🐝 d) „Ich ziehe sicher vier Kugeln in der gleichen Farbe."

🐝 e) „Ich ziehe beim 2. Mal sicher eine grüne Kugel."

🐝 f) „Es ist unmöglich, dass ich drei blaue Kugeln ziehe."

4  Kann das stimmen?

a) In der Fühlkiste liegen wieder sechs Kugeln, rote und blaue.
Johanna hat bisher dreimal blau gezogen.
Sie meint: *„Jetzt werde ich bestimmt eine rote Kugel ziehen!"*

b) Jetzt liegen vier blaue und zwei rote Kugeln in der Fühlkiste.
Tom hat bereits zweimal rot gezogen.
Er behauptet: *„Jetzt kommt sicher eine blaue Kugel."*

1 Würfelt 50-mal mit zwei Würfeln. Addiert.

a) Welche Augensumme wird wohl besonders oft vorkommen?
Vermutet vorher. Führt eine Strichliste.

Augensummen

2	3	4	5	6	7	8	9	10	11	12
		II								

Was fällt euch auf?

b) Welche Summe hattet ihr am häufigsten? Begründet.

> **Tipp:**
> Schreibt zu jedem Ergebnis alle möglichen Würfe auf.

	2	3	4	5	6	7	8	9
mögliche Würfe	1+1	1+2 2+1						

Forschungs-auftrag

c) Zeichnet ein Schaubild zu eurer Strichliste.

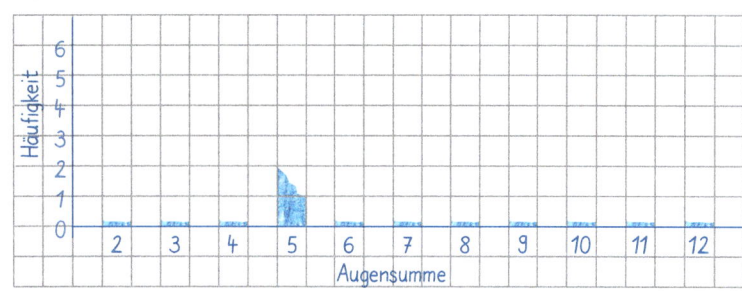

> Vergleicht Strichliste, Tabelle und Schaubild miteinander.

2 Welche Aussagen sind richtig?
„Mit zwei Würfeln

A erziele ich die Summe 2 selten."

B erziele ich die Summe 12 oft."

C erziele ich die Summe 14 nie."

D erziele ich die Summe 8 häufig."

E hat die Summe 7 die größte Wahrscheinlichkeit."

F hat die Summe 6 die kleinste Wahrscheinlichkeit."

G ist die Summe 9 doppelt so wahrscheinlich wie 11."

H ist die Summe 9 halb so wahrscheinlich wie 5."

Begründet eure Entscheidungen.

 5 Aussagen sind richtig.

3 Werft nun mit drei Würfeln.

a) Welche Augensummen sind möglich? Schreibt auf.
b) Welche Summen werden wahrscheinlich sehr selten gewürfelt? Begründet.
c) Welche Summen werden wahrscheinlich besonders häufig gewürfelt? Begründet.

W

4  8,67 €  9,56 €  7,45 €  16 ct 37 ct 4,35 €  6,95 €  7,44 €

0,01 €	2,12 €	4,32 €	8,30 €
0,50 €	2,61 €	5,21 €	8,51 €
1,23 €	3,10 €	7,08 €	9,19 €
1,72 €	4,10 €	7,29 €	9,40 €

1  **Gelb** gewinnt.

sicher	möglich	unmöglich
	aber nicht sicher	

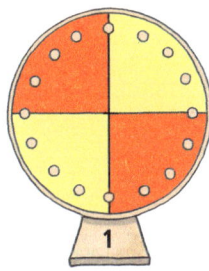   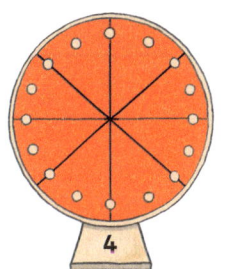 

1   2   3   4   5

a) Welches Glücksrad würdet ihr wählen? Begründet.

b) Bei welchen Rädern ist ein Gewinn möglich, unmöglich, sicher?

2 **Grün** gewinnt.
Bei welchen Glücksrädern hat man die gleichen **Gewinnchancen?**
Vergleicht und begründet.

A 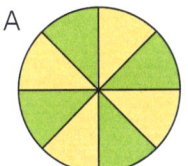 B 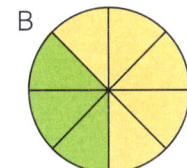 C 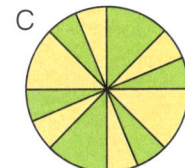 D 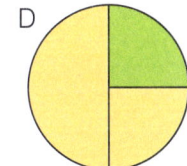 E 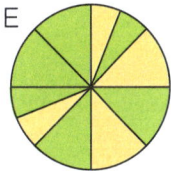 F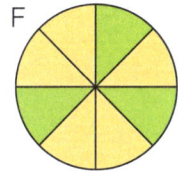

3 Male passende Glücksräder.

a)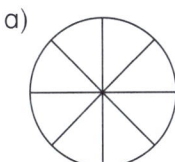

    A „Die Gewinnchance für Rot ist am größten."

    B „Die Gewinnchancen für Rot und Blau sind gleich groß."

    C „Grün hat keine Chance zu gewinnen."

b)

    A „Die Gewinnchance für Blau ist halb so groß wie für Rot."

    B „Die Gewinnchance für Gelb ist doppelt so groß wie für Grün."

    C „Die Gewinnchance für Rot ist fünfmal so groß wie für Blau."

4 Entscheidet und begründet.

sicher	möglich	unmöglich
	aber nicht sicher	

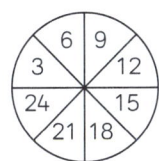

    A „Ich treffe eine gerade Zahl."

    B „Ich treffe eine Zahl, die ich durch 3 teilen kann."

    C „Ich treffe eine Zahl, die ich durch 3 und 6 teilen kann."

1 a)

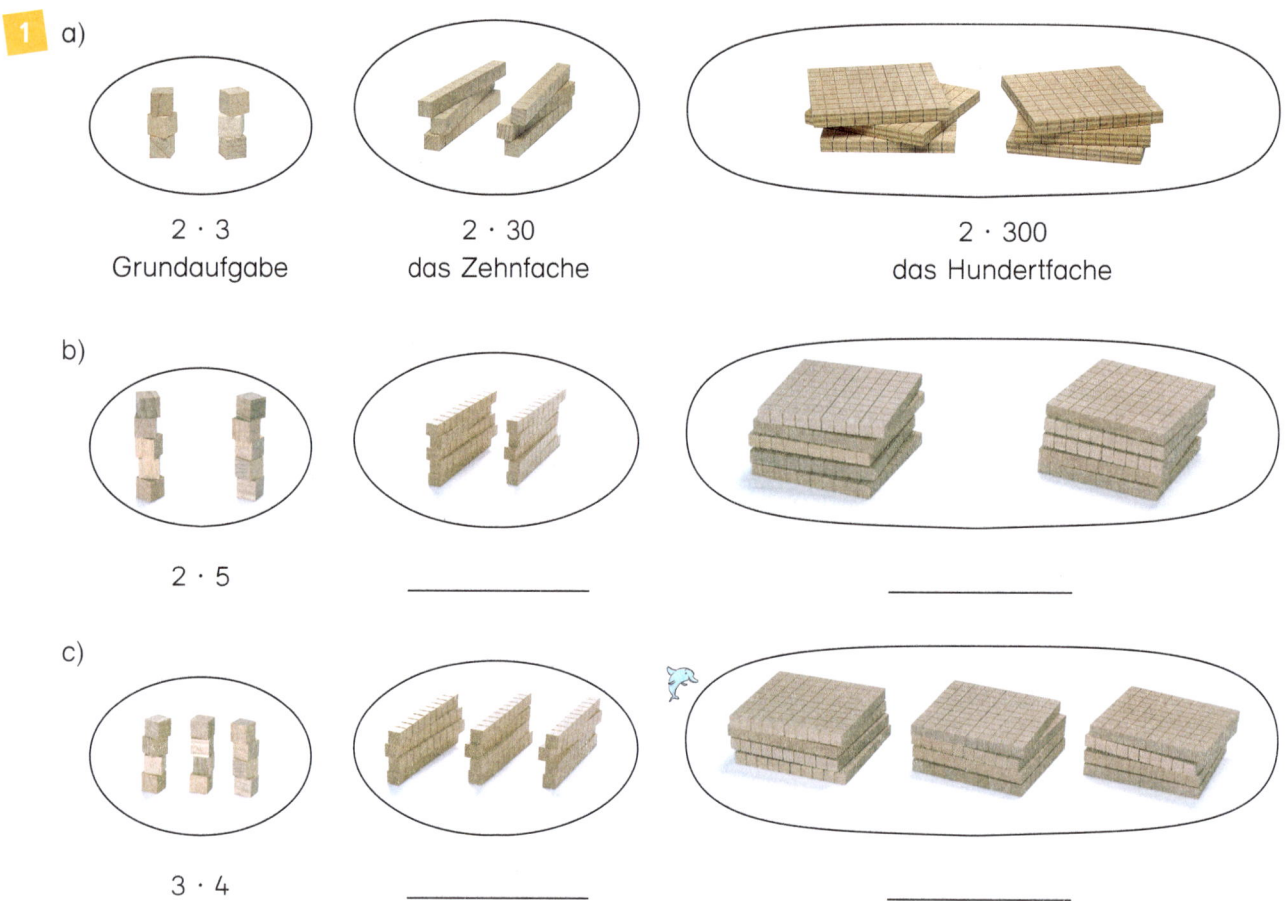

2 · 3
Grundaufgabe

2 · 30
das Zehnfache

2 · 300
das Hundertfache

b)

2 · 5

_____

_____

c)

3 · 4

_____

_____

2 Vom kleinen Einmaleins zum Zehnfachen und zum Hundertfachen. Lege und rechne.

a) 3 · 3   b) 4 · 2   c) 2 · 4   d) 5 · 2   e) 3 · 5   f) 4 · 3
3 · 30   4 · 20   2 · 40   5 · 20   3 · 50   4 · 30
3 · 300   4 · 200   2 · 400   5 · 200   3 · 500   4 · 300

2 · 7

3 a) 2 · 70   b) 3 · 80   c) 5 · 50   d) 4 · 60   e) 1 · 40   f) 0 · 80
4 · 70   6 · 80   7 · 50   6 · 60   10 · 40   10 · 80
8 · 70   9 · 80   9 · 50   8 · 60   100 · 40   11 · 80

4 Rechne immer auch die Tauschaufgabe.

a)

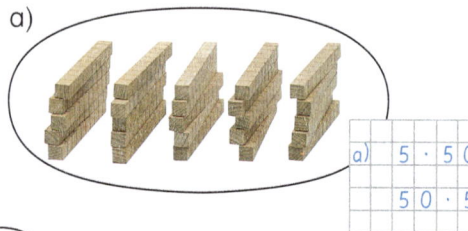

b)

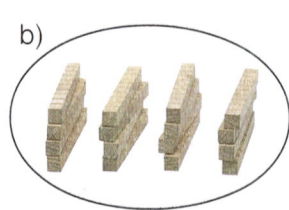

c)

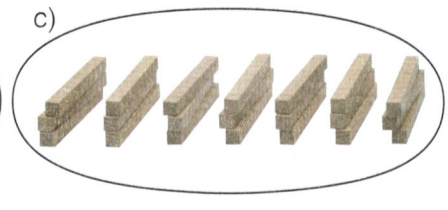

a) 5 · 50 =
    50 · 5 =

7 · 3

5 a) 70 · 3   b) 80 · 8   c) 20 · 8   d) 70 · 5   e) 70 · 0   f) 200 · 5
80 · 4   70 · 7   40 · 6   60 · 5   70 · 1   300 · 5
90 · 5   50 · 6   40 · 4   60 · 6   70 · 10   150 · 5
100 · 6   40 · 5   80 · 2   30 · 6   70 · 9   120 · 5

Von der Grundaufgabe ausgehen. Zusammenhänge beschreiben.

1 a)

6 : 2
6 : 3

60 : 2
60 : 30

600 : 2
600 : 300

denn 2 · 300
gleich 600

b)

10 : 2
10 : 5

100 : 2
_____

1000 : 2
_____

c)

12 : 3
12 : ___

120 : 3
_____

1200 : 3
_____

2 Lege und rechne.

denn 7 · 30 gleich 210

a)	b)	c)	d)	e)	f)
21 : 3	42 : 6	16 : 4	32 : 8	18 : 3	36 : 6
210 : 3	420 : 6	160 : 40	320 : 8	180 : 30	360 : 6
210 : 30	420 : 60	160 : 44	320 : 80	180 : 3	360 : 60

g)	h)	i)	j)	k)	l)
49 : 7	50 : 5	56 : 8	72 : 9	28 : 7	20 : 4
490 : 70	500 : 50	560 : 8	720 : 9	280 : 70	200 : 40
490 : 7	500 : 5	560 : 80	720 : 90	280 : 7	200 : 4

3 Schreibe viele Zerlegeaufgaben.

a) 360
a) 360 = 9 · 40
360 = 40 · 9

b) 240

c) 120

d) 180

e) 210

f) 320

g) 540

h) 480

i) 100

j) 500

k) 1000

l) 750

m) 600

n) 1500

o) 2400

p) 3600

4 zum Knobeln

a) Wenn ich meine Zahl mit 60 multipliziere, erhalte ich 540.

b) Wenn ich meine Zahl mit 40 multipliziere, erhalte ich das Doppelte von 160.

c) Wenn du den 80. Teil von 480 nimmst und das Ergebnis halbierst, erhältst du meine Zahl.

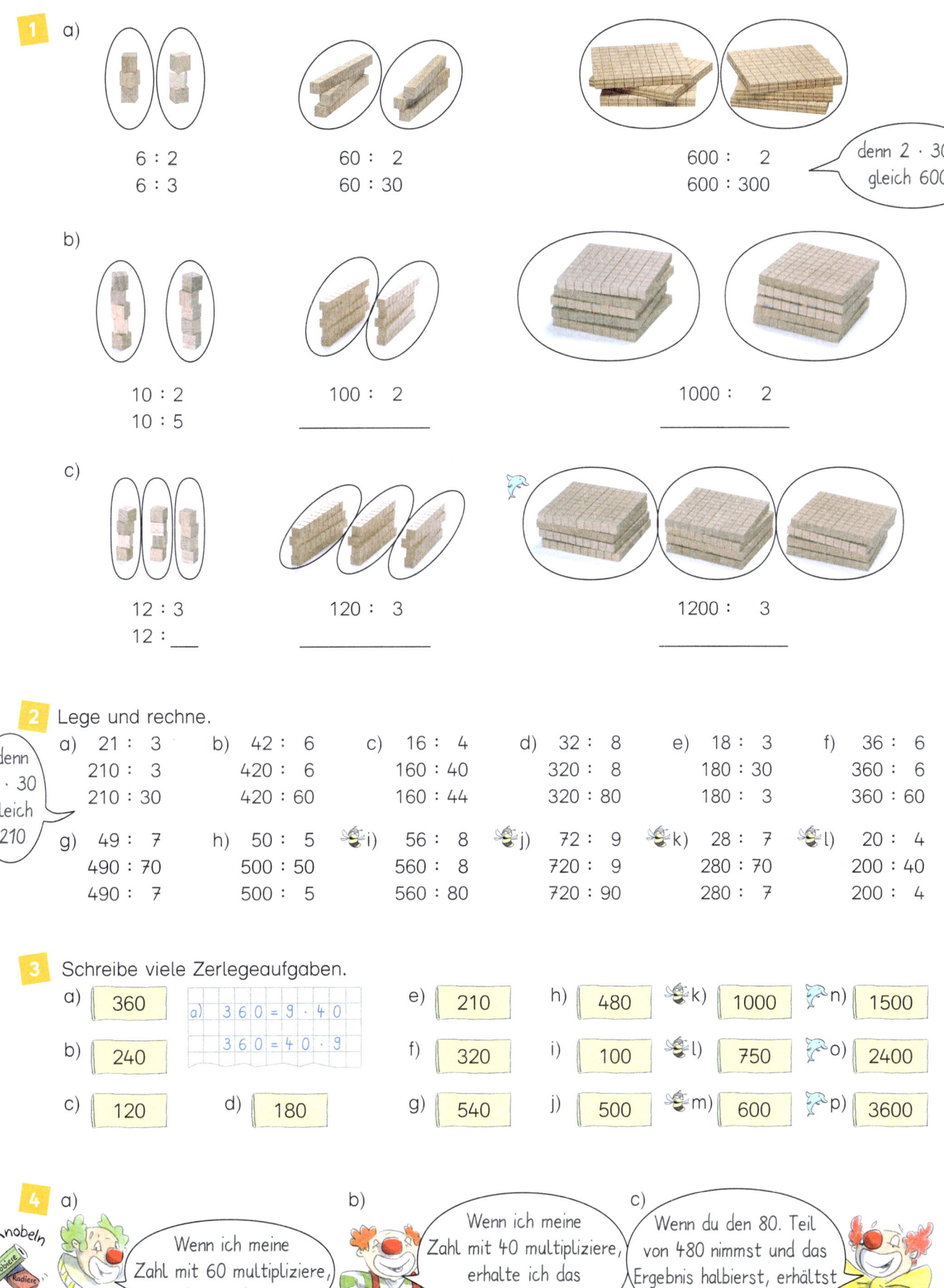

1 Die Umkehraufgaben zur Multiplikation. Zusammenhänge beschreiben.

1 Herr Müller verkauft Eier auf dem Wochenmarkt.
Mittags ist nur noch eine halbe Palette übrig.

Eine Palette.

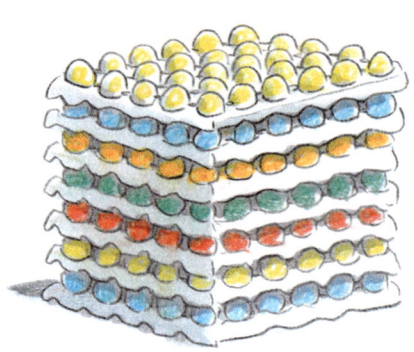

Wie viele Eier
hat Herr Müller verkauft?

2 Wie viele Paletten müssen geliefert werden?

a) Das Berghotel hat für das Wochenende 300 Eier bestellt.

b) Die Gaststätte Hoppe erhält 250 Eier.

3  Die Pension Huber bekommt doppelt so viele braune wie weiße Eier.
Sie werden in fünf Paletten geliefert.

4 Auf einem Geflügelhof legen die Hühner täglich 1000 Eier. Wie viele Paletten werden benötigt?

5

a)	b)	c)	d)	e)
140 : 70	180 : 90	160 : 4	90 : 30	320 : 8
280 : 70	360 : 90	200 : 40	150 : 3	640 : 8
420 : 70	540 : 90	240 : 40	210 : 30	400 : 80
560 : 70	720 : 90	280 : 4	270 : 3	480 : 8
700 : 70	810 : 90	320 : 4	300 : 30	560 : 80

6

a)	b)	c)	d)	e)
240 : ___ = 8	120 : ___ = 40	480 : ___ = 8	360 : ___ = 9	600 : ___ = 100
240 : ___ = 30	120 : ___ = 20	480 : ___ = 80	360 : ___ = 40	600 : ___ = 200
240 : ___ = 6	120 : ___ = 3	480 : ___ = 6	360 : ___ = 60	600 : ___ = 300
240 : ___ = 40	120 : ___ = 2	480 : ___ = 60	360 : ___ = 4	600 : ___ = 600

7

a)
Nina und Tilo färben Ostereier.
Nina braucht fünf Minuten
für ein Ei, Tilo nur zwei Minuten.
Nach einer halben Stunde sind
alle Eier gefärbt.
Wie viele Eier hat Nina bemalt?
Wie viele hat Tilo bemalt?

b)
Mona und Anna färben Eier.
Mona braucht sechs Minuten für ein Ei,
Anna nur vier Minuten.
Nach einer Stunde sind alle Eier gefärbt.
Wie viele Eier würden beide zusammen
in zwei Stunden schaffen?

W

8 Jede Rechentafel enthält fünf Fehler. Rechne richtig.

a)

+	2,13 €	5,89 €	4,49 €	3,07 €
4,12 €	6,25 €	9,01 €	8,61 €	7,19 €
2,89 €	6,02 €	8,78 €	7,38 €	59,6 €
3,08 €	6,22 €	8,97 €	7,58 €	6,15 €

b)

−	1,20 €	5,75 €	9,50 €	0,87 €
19,34 €	18,14 €	12,59 €	10,75 €	18,47 €
14,80 €	13,60 €	8,05 €	5,30 €	13,98 €
9,78 €	8,58 €	4,03 €	19,28 €	8,91 €

1

Herr Horn fährt
Bücherpakete
zu den Schulen.
Ein Paket wiegt 40 kg.
Er darf bis zu 350 kg laden.

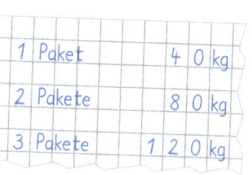

1 Paket	4 0 kg
2 Pakete	8 0 kg
3 Pakete	1 2 0 kg

Wie viele Pakete darf er einladen?
Finde alle Möglichkeiten.

$$\_\_\_ \cdot 40 \ kg < 350 \ kg$$

2 Ein anderes Auto darf bis zu 500 kg laden. Wie viele Kisten darf das Auto höchstens laden?

a) 80-kg-Kisten
b) 60-kg-Kisten

a)　Es darf höchstens

c) 50-kg-Kisten
d) 90-kg-Kisten

e) 25-kg-Kisten
f) 120-kg-Kisten

3 Setze ein < > =.

a) 3 · 90 < 300
8 · 30 ◯ 240
9 · 20 ◯ 180
7 · 50 ◯ 360

b) 9 · 80 ◯ 720
6 · 60 ◯ 350
4 · 70 ◯ 270
3 · 60 ◯ 450

4 Setze ein < > =.

a) 8 · 60 ◯ 7 · 70
6 · 70 ◯ 8 · 50
4 · 80 ◯ 5 · 60
2 · 90 ◯ 3 · 70

b) 3 · 30 ◯ 5 · 20
5 · 30 ◯ 4 · 40
9 · 70 ◯ 8 · 90
6 · 40 ◯ 8 · 30

5

a) Meine Zahl ist das Dreifache von 90.

b) Meine Zahl ist der vierte Teil von 200.

c) Ich habe mir eine Zehnerzahl ausgedacht. Sie ist größer als das Dreifache von 50 und kleiner als 170.

d) Meine Zahl ist eine Siebzigerzahl. Sie ist kleiner als 700. Sie ist auch eine Achtzigerzahl.

e) Meine Zahl ist eine Sechzigerzahl. Sie ist auch eine Dreißigerzahl, eine Vierzigerzahl und eine Zwanzigerzahl. Sie ist kleiner als 150.

f) Meine Zahl ist eine Vierzigerzahl. Sie ist auch eine Sechzigerzahl. Sie ist größer als 240 und kleiner als 400.

g) Schreibe auch eigene Zahlenrätsel.

W

6

a)	b)	c)	d)
100 − 5 − 10	75 − 15 − 6	50 − 25 − 7	37 − 20 − 7
100 − 10 − 10	75 − 25 − 7	50 − 27 − 10	54 − 30 − 24
100 − 15 − 10	75 − 35 − 7	50 − 17 − 10	78 − 16 − 14
100 − 25 − 20	75 − 35 − 14	50 − 37 − 10	83 − 15 − 15
100 − 25 − 25	75 − 35 − 25	50 − 39 − 8	62 − 8 − 12
100 − 50 − 25	75 − 50 − 25	50 − 41 − 9	95 − 27 − 13

2 Begriff „höchstens" klären. 6 Rechenvorteile nutzen, besonders in d).

1 Laura zählt bei ihren Tieren 20 Beine.

Wie viele Katzen und Enten hat sie?
Es gibt mehrere Möglichkeiten.

immer 20 Beine	
Katzen-beine	Enten-beine
4	16
8	12
12	

	Enten		
1 Katze	8 Enten
2 Katzen	6 Enten
3 Katzen	

2 Valentin sieht in seinem Blumenbeet Hummeln und Spatzen.
Er zählt 24 Beine.
Wie viele Hummeln und Spatzen können es sein?

3 Auf dem Wiesenhof lebt ein Pferd, außerdem Schafe und Hühner.
Zusammen haben sie 16 Beine.
Wie viele Schafe und wie viele Hühner können es sein?

4 Erfinde eine Aufgabe mit Spinnen und Fliegen.

W

5 Sieben Aufgaben sind falsch gelöst. Berichtige sie im Heft.

a)
```
    3 6 9
      4 8
  + 2 7 5
    1 1
  ─────────
    6 8 2
```

b)
```
    2 6 2
      8 7
  + 1 0 9
      1 1
  ─────────
    4 5 8
```

c)
```
      7 8
    2 9 5
  + 2 7 0
      1 1
  ─────────
    5 4 3
```

d)
```
    3 2 9
    1 6 4
  +   9 6
        2
  ─────────
    4 9 0
```

e)
```
    4 0 7
    2 9 2
  + 1 1 1
    1 1
  ─────────
    8 1 0
```

f)
```
    3 2 5
    2 5 2
  + 2 5 5
  ─────────
    9 3 2
```

g)
```
    4 2 9
      7 8
  + 2 5 7
    1 2
  ─────────
    7 6 4
```

h)
```
      9 8
    3 2 7
  + 5 4 6
    1 1
  ─────────
    9 6 1
```

i)
```
    7 4 7
      5 9
  +   5 8
    1 2
  ─────────
    8 6 4
```

j)
```
    3 8 5
    1 7 3
  + 4 4 2
        1
  ─────────
    8 0 0
```

k)
```
    6 0 7
    1 8 5
  + 2 0 8
    1 2
  ─────────
  1 0 0 0
```

l)
```
      7 8
    5 5 5
  + 3 6 6
        1
  ─────────
    8 9 9
```

6
a)	b)	c)	d)	e)
30 + 7 · 8	8 · 6 + 12	20 − 4 · 5	9 · 6 − 12	90 − 8 · 9
40 + 6 · 7	7 · 5 + 15	50 − 7 · 7	4 · 9 − 18	80 − 6 · 6
50 + 9 · 5	4 · 8 + 8	70 − 5 · 5	7 · 4 − 14	70 − 4 · 4

0	1	3	14	18	18
40	42	44	45	50	54
60	82	86	95		

7 Wie viel Gramm fehlen?

a) **1 kg**
500 g
450 g
410 g
305 g
215 g

a) 5 0 0 g + ____ g = 1 kg

b) **1 kg**
930 g
915 g
901 g

c) **½ kg**
100 g
80 g
65 g
35 g
6 g

8 Wie viel Geld fehlt?

a) **1 €**
0,60 €
0,06 €
0,66 €
0,16 €
0,36 €

b) **5 €**
1,90 €
0,10 €
1,10 €
0,99 €
0,19 €

c) **10 €**
7,00 €
7,50 €
6,55 €
8,75 €
9,25 €

1 bis 3 In Tabellen probieren. Auch jeweils nur ein Tier einer Art einbeziehen. Diff.: Alle Möglichkeiten finden.
1 Vier Möglichkeiten. 2 Drei Möglichkeiten. 3 Zwei Möglichkeiten.

Ich möchte vier Milchbrötchen. Eins kostet 0,50 €, also 50 ct. Wie viel muss ich bezahlen?

2 Lege jeweils eine Preistabelle an.

a) Mohn-brötchen	Preis	b) Milch-brötchen	Preis	c) Rosinen-brötchen	Preis	d) Mehrkorn-brötchen	Preis
1		1		1		1	
2		2		3		2	
4		3		5		3	
6		5		7		6	
10		7		9		10	

e) Du hast 8 €. Was würdest du kaufen? Nutze die Preistabellen.

3 Frau Lammel hat acht gleiche Brötchen gekauft.
a) Wie viel hat sie mindestens bezahlt?   b) Wie viel hat sie höchstens bezahlt?

4

Mein Weg

500 g : 5 = 100 g

400 ct : 5 =

Lisa

200 g : 2 = 100 g

180 ct : 2 =

Tilo

Im Supermarkt gibt es verschiedene Gläser Honig.
Welches Glas ist preisgünstiger? Begründet eure Antwort.

5 Herr Buschmeier möchte im Supermarkt Marmelade kaufen. Welches Glas ist am preiswertesten? Begründet eure Antwort.

6 Wie viel Geld bekommt jedes Enkelkind?

a)

Hier sind 10 € für euch vier.

b) Wenn Oma fünf Enkelkinder hätte, ...

c) Wenn Oma ihren vier Enkelkindern 50 € gegeben hätte, ...

d) Wenn Oma 30 € an die vier gegeben hätte, ...

e) Wenn Oma jedem der vier Enkelkinder von den 10 € einen anderen vollen Eurobetrag gegeben hätte, ...

2 Strategien zur Preistabelle besprechen. Kopiervorlage.
6 Aufgaben variieren.

18 Mannschaften spielen in
der 1. Fußballbundesliga.
Bei einem **Sieg** bekommt
eine Mannschaft **drei Punkte**,
bei **Unentschieden einen Punkt**.

Ergebnisse vom 7. Spieltag			
Bayer Leverkusen	:	Werder Bremen	2 : 2
Borussia Dortmund	:	Bayern München	3 : 1
VfB Stuttgart	:	Eintracht Frankfurt	2 : 0
Hamburger SV	:	1. FC Kaiserslautern	1 : 1
1. FSV Mainz 05	:	1899 Hoffenheim	2 : 1
Borussia Mönchengladbach	:	VfL Wolfsburg	1 : 2
SC Freiburg	:	1. FC Köln	0 : 1
Hannover 96	:	FC St. Pauli	1 : 0
1. FC Nürnberg	:	FC Schalke 04	3 : 1

1 a) Könnt ihr die Fragen beantworten? Ja oder nein. Notiert die passenden Antworten mit Ergebnissen.

A Welche Mannschaften haben am 7. Spieltag gewonnen?

B Welcher Spieler hat die meisten Tore geschossen?

C Bei welchen Spielen wurden die wenigsten Tore geschossen?

D Wie viele Mannschaften haben am 7. Spieltag verloren?

E Welche Mannschaft hat in dieser Saison am meisten unentschieden gespielt?

F Wie viele Punkte erhält eine Mannschaft bei einem Sieg?

b) Findet weitere Fragen, die ihr beantworten könnt.

2 Werder Bremen gewann **drei** Spiele und **zwei** Spiele waren unentschieden.

a) Wie viele Punkte hat die Mannschaft erhalten?

b) Verändert die Aufgabe mit eigenen Zahlen.

> Werder Bremen gewann _____ Spiele und _____ Spiele waren unentschieden.

Wie viele Punkte bekam die Mannschaft?

c) Verändert die Aufgabe so, dass Werder Bremen acht Punkte erhielt.

> Werder Bremen gewann _____ Spiele und _____ Spiele waren unentschieden.

d) Verändert die Aufgabe so, dass Werder Bremen zwölf Punkte erhielt.

> Werder Bremen gewann _____ Spiele und _____ Spiele waren unentschieden.

e) Verändert die Aufgabe so, dass Werder Bremen 21 Punkte erhielt.
Dabei hat die Mannschaft doppelt so viele gewonnene Spiele wie unentschiedene Spiele.

3 Im Training schießt Nick 30-mal auf das Tor und trifft davon 15-mal.
Bijan schießt sogar 40-mal und erzielt 17 Tore.
Wer ist der bessere Torschütze? Begründet.

 W

4 a)    b)

---

1 Zwei Fragen können nicht beantwortet werden.
2 Aufgaben variieren in Bezug auf das Ergebnis. b) Offene Aufgabe. c) und d) Mehrere Lösungen möglich.

S 95

Das ist die Familie Uthe.

Ich bin schon 15 Jahre alt.

Ich bin erst zehn Jahre.

Herr Uthe   Frau Uthe   Sven   Pia

Eintrittspreise im Stadion

Sitzplatz
Erwachsene: 27 €
Kinder bis 14 Jahre: 10 €

Stehplatz
Erwachsene: 12 €
Kinder bis 14 Jahre: 6 €

5 a) Könnt ihr die Fragen beantworten? Ja oder nein. Notiert die passenden Antworten mit Ergebnissen.

A Wie viel bezahlen Erwachsene für einen Sitzplatz?

B Wie teuer ist ein Stehplatz für 9-jährige Kinder?

C Wie viel muss Herr Alt für sich und seine Kinder bezahlen?

D Wie viel müssen zwei Erwachsene für einen Stehplatz bezahlen?

E Wie viel kostet der Sitzplatz für Sven Uthe?

F Wie viele Personen der Familie Uthe sind älter als 14 Jahre?

b) Findet weitere Fragen, die ihr beantworten könnt.

6 Findet eine Frage, rechnet und antwortet.

a) Familie Uthe wählt Sitzplätze.

b) Die befreundete Familie Wichmann kommt mit ins Stadion. Sie wählt Stehplätze.

Ich bin zwölf Jahre alt.

Ich bin acht Jahre alt.

c) Stellt euch vor, ihr geht mit eurer Familie ins Stadion. Wie viel müsst ihr bezahlen?

7 a) Fikret ist mit seinen zwei Freunden im Stadion. Alle Kinder sind unter 14 Jahren. Sie nehmen Sitzplätze. Wie viel müssen sie bezahlen?

b) Verändert die Aufgabe so, dass der Eintritt insgesamt mehr als 60 € kostet.

_____ ist mit seinen _____ Freunden im Stadion. Alle Kinder sind unter 14 Jahren. Sie nehmen Sitzplätze. Sie müssen _____ € bezahlen.

W

8 a) 4 6 9 8 80 60 b) 180 240 300 60 60 30 3

5 Eine Frage kann nicht beantwortet werden. 7 Aufgaben variieren in Bezug auf das Ergebnis.

1	2	3	4	5	6	7	8	9	10
11	12	13	14	15	16	17	18	19	20
21	22	23	24	25	26	27	28	29	30
31	32	33	34	35	36	37	38	39	40
41	42	43	44	45	46	47	48	49	50
51	52	53	54	55	56	57	58	59	60
61	62	63	64	65	66	67	68	69	70
71	72	73	74	75	76	77	78	79	80
81	82	83	84	85	86	87	88	89	90
91	92	93	94	95	96	97	98	99	100

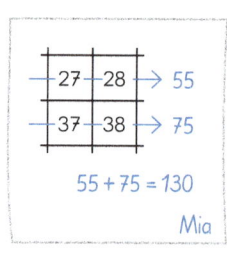
Mia

$27 \rightarrow 28 \rightarrow 55$
$37 \rightarrow 38 \rightarrow 75$
$55 + 75 = 130$

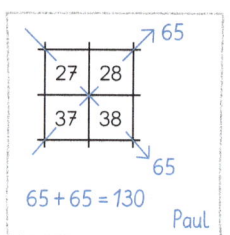
Paul

65
$27 \quad 28$
$37 \quad 38$
65
$65 + 65 = 130$

Rechenkonferenz

a) Mia und Paul haben die vier Zahlen im blauen Quadrat addiert. Vergleicht ihre Rechenwege.

b) Warum hat Paul zwei gleiche Zwischenergebnisse?

2 Addiere   a) im gelben Quadrat   b) im roten Quadrat   c) im grünen Quadrat

3 Stellt euch gegenseitig weitere Aufgaben.

4 Suche das passende Quadrat zur
a) Summe 26   b) Summe 46   c) Summe 106   d) Summe 198   e) Summe 378

5

1	2	3
11	12	13
21	22	23
31	32	33

1	2	3	4
11	12	13	14
21	22	23	24
31	32	33	34

1	2	3	4	5
11	12	13	14	15
21	22	23	24	25
31	32	33	34	35

1	2	3	4	5	6
11	12	13	14	15	16
21	22	23	24	25	26
31	32	33	34	35	36

a) Addiere jeweils die vier Zahlen. Vergleiche die Summen.

b) Kennst du schon die nächste Summe? Begründe.

W

$4 \cdot 3$ $7 \cdot 80$

6
a)	b)	c)	d)	e)	f)
$40 \cdot 3$	$80 \cdot 7$	$20 \cdot 4$	$5 \cdot 60$	$7 \cdot 60$	$9 \cdot 80$
$50 \cdot 4$	$30 \cdot 4$	$40 \cdot 8$	$7 \cdot 90$	$6 \cdot 80$	$6 \cdot 90$
$60 \cdot 5$	$50 \cdot 6$	$30 \cdot 5$	$9 \cdot 70$	$4 \cdot 70$	$8 \cdot 70$

7
a)	b)	c)	d)	e)
$45 : 5$	$28 : 4$	$36 : 6$	$72 : 9$	$48 : 6$
$450 : 5$	$280 : 4$	$360 : 6$	$720 : 9$	$480 : 6$
$450 : 50$	$280 : 40$	$360 : 60$	$720 : 90$	$480 : 60$

f)	g)	h)	i)	j)
$560 : 70$	$42 : 6$	$810 : 9$	$210 : 70$	$400 : 8$
$560 : 7$	$420 : 60$	$81 : 9$	$210 : 7$	$40 : 8$
$56 : 7$	$420 : 6$	$810 : 90$	$21 : 7$	$400 : 80$

8
a)	b)	c)	d)	e)
$630 : \_\_ = 7$	$720 : \_\_ = 8$	$540 : \_\_ = 9$	$560 : \_\_ = 7$	$960 : \_\_ = 12$
$630 : \_\_ = 70$	$720 : \_\_ = 80$	$540 : \_\_ = 90$	$560 : \_\_ = 70$	$960 : \_\_ = 24$
$630 : \_\_ = 9$	$720 : \_\_ = 9$	$540 : \_\_ = 6$	$560 : \_\_ = 8$	$960 : \_\_ = 32$
$630 : \_\_ = 90$	$720 : \_\_ = 90$	$540 : \_\_ = 60$	$560 : \_\_ = 80$	$960 : \_\_ = 16$

1

Von der Kirche bis hierher sind es 1000 Meter.

Das ist 1 Kilometer.

Die Kinder sind von der Kirche aus 1 km weit gegangen.
Messt von eurer Schule aus 1 km.
Vermutet vorher,
bis wohin ihr kommt.

Womit messen wir?
– Kilometerzähler
  am Fahrrad
– Schritte
– Bandmaß
  (20 m oder 25 m)
– 100-m-Schnur
– Messrad

$$1 \text{ km} = 1000 \text{ m}$$
$$\tfrac{1}{2} \text{ km} = 500 \text{ m}$$

2 Einen Kilometer messen.

a)
Mit der 100-m-Schnur

____ · 100 m = 100 m
____ · 100 m = 200 m
____ · 100 m = 300 m

b)
Mit dem 25-m-Bandmaß

  2 · 25 m = ____ m
____ · 25 m = ____ m
____ · 25 m = ____ m

c)
Mit Schritten

3 Wie viel Kilometer wurden zurückgelegt?

a)

Ich schaffe 5 km in einer Stunde.

Zeit	Strecke
1 h	5 km
30 min	
15 min	
45 min	
2 h	

b)

Ich schaffe 15 km in einer Stunde.

Zeit	Strecke
1 h	15 km
20 min	
1 h 40 min	
	1 km
	10 km

4 Ergänze zu einem Kilometer.

a) 950 m
750 m
250 m

b) 530 m
535 m
565 m

c) 467 m
142 m
349 m
137 m
353 m

a) | 9 | 5 | 0 | m | + | | m | = | 1 | k | m |

5 Ergänze zu einem halben Kilometer.

a) 350 m
150 m
450 m
50 m
250 m

b) 280 m
285 m
140 m
145 m
500 m

c) 187 m
236 m
399 m
413 m
94 m

6 Milla geht zu Fuß zu Lina. Sie schafft 100 m in zwei Minuten.
Der Weg ist 1 km 500 m lang. Wie viel Zeit braucht sie?

7 Wer wohnt wo?

zum Knobeln

In diesen Häusern wohnen Sina, Mia, Luka, Tim und Nele.
Mia wohnt zwischen Luka und Nele. Sina wohnt links von Luka. Tim wohnt rechts von Nele.

2 c) Offene Aufgabe. 7 Logical.

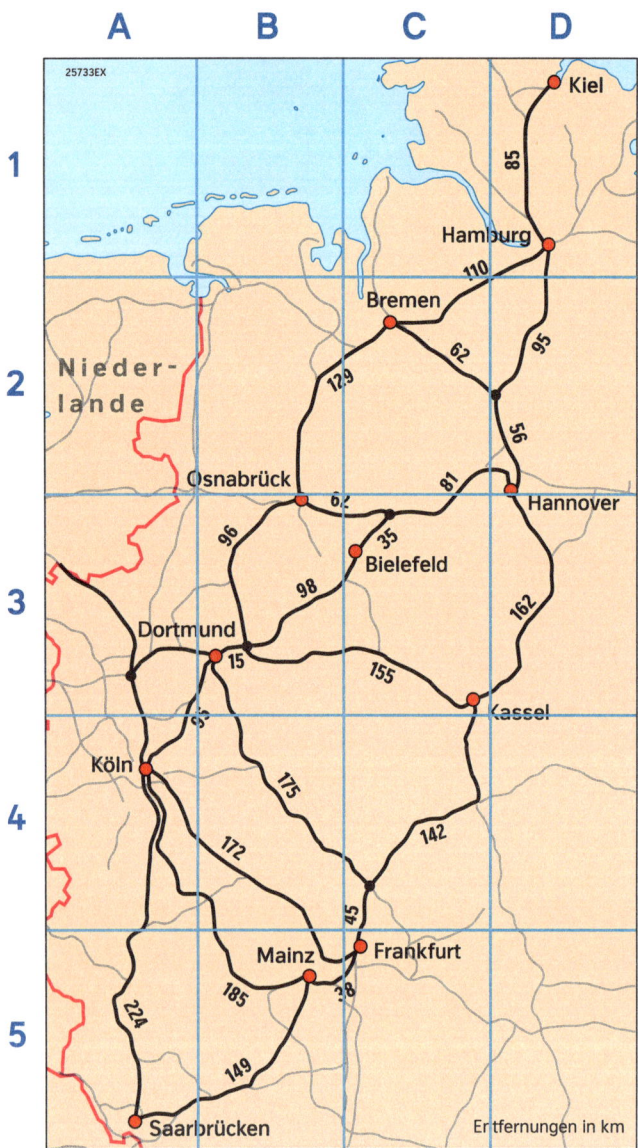

1 Köln liegt im Rechteck **A4**. In welchen Rechtecken liegen folgende Städte?

a) Saarbrücken

| a) | Saarbrücken | A 5 |

b) Mainz

c) Dortmund g) Bielefeld

d) Bremen h) Frankfurt

e) Hamburg i) Osnabrück

f) Kassel j) Hannover

2 In welchem Rechteck liegt dein Wohnort?

3 Welche Stadt ist auf der Karte
a) die nördlichste? b) die südlichste?

4 Wo wollen die Lkw-Fahrer hin?

| Anna |
| nach Kiel oder Hamburg |

5 Welche Städte liegen an der Wegstrecke?

a) Frau Schröder startet in Dortmund und will nach Bremen fahren.
Schreibe die Städte auf, durch die sie fährt.

b) Herr Schäfer muss von Hamburg nach Frankfurt fahren.

c) Herr Larke fährt von Frankfurt nach Bremen.

d) Frau Sandmann will von Köln nach Hamburg fahren.
In Kassel muss sie noch eine Freundin abholen.

e) Familie Schürmann aus Bielefeld will ihren Sommerurlaub in der Nähe von Kiel verbringen.
Auf dem Heimweg will sie noch Oma Frieda in Bremen besuchen.

| a) | Weg 1: | Dortmund, Bielefeld, |
| | Weg 2: | Dortmund, |

6 Die Klasse 3a fährt von Osnabrück 239 km in die Jugendherberge „Schöne Aussicht".
Wo liegt die Herberge?

7 Familie Schnell macht mit dem Auto einen Wochenendausflug.
Bei der Abfahrt zeigt der Kilometerzähler 100 km an.
Als sie wieder nach Hannover kommt, zeigt der Kilometerzähler 798 km an.
Welche Städte kann Familie Schnell besucht haben?

5 bis **7** Diff.: Eigene Aufgaben schreiben.

8

9 Wie lang sind die Strecken?

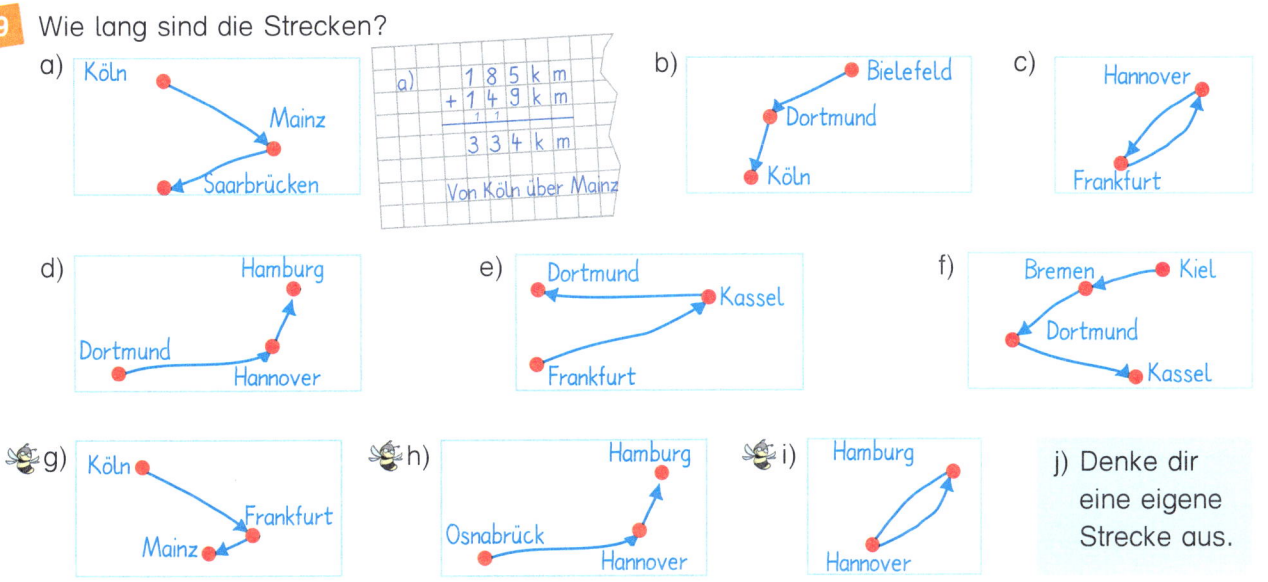

a) Köln – Mainz – Saarbrücken

a)	1	8	5	km
+	1	4	9	km
	3	3	4	km

Von Köln über Mainz

b) Bielefeld – Dortmund – Köln

c) Hannover – Frankfurt

d) Hamburg – Dortmund – Hannover

e) Dortmund – Kassel – Frankfurt

f) Bremen – Kiel – Dortmund – Kassel

g) Köln – Frankfurt – Mainz

h) Hamburg – Osnabrück – Hannover

i) Hamburg – Hannover

j) Denke dir eine eigene Strecke aus.

10 Suche jeweils die kürzeste Strecke. Rechne.

a) von Hamburg nach Bielefeld
b) von Köln nach Bremen
c) von Frankfurt nach Osnabrück
d) von Bremen nach Kassel
e) von Dortmund nach Mainz
f) von Kassel nach Köln
g) von Bremen nach Frankfurt
h) von Bielefeld nach Kiel
i) von Osnabrück nach Kassel

11  Ist es möglich, alle Städte auf unserer Autobahnkarte auf **einem** Weg zu besuchen, ohne durch eine Stadt zweimal zu fahren?

W

12 Mal.

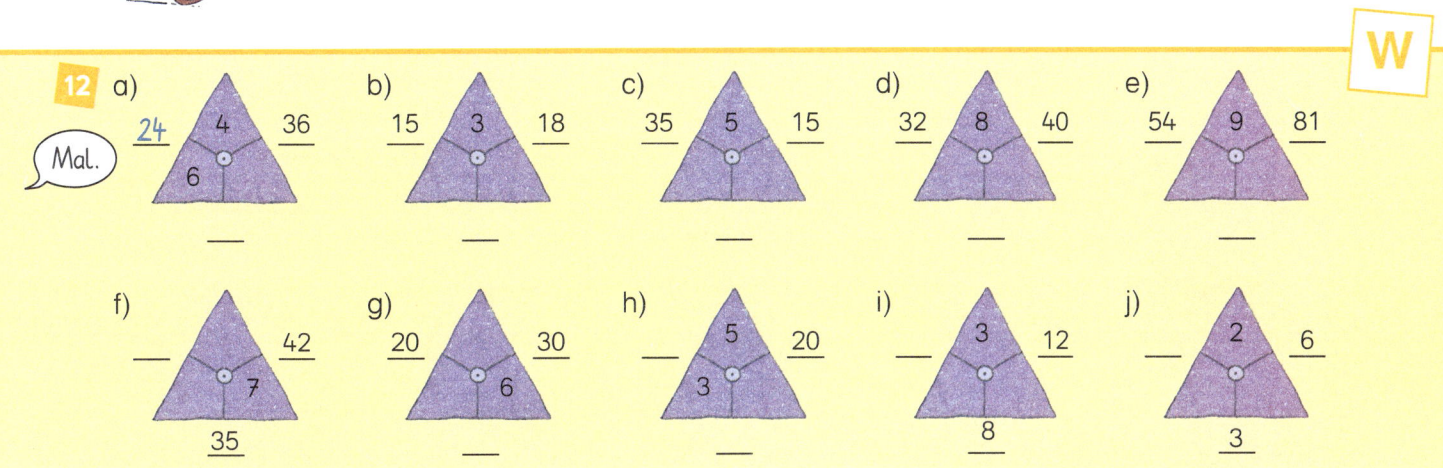

a) 24   4   36   6
b) 15   3   18
c) 35   5   15
d) 32   8   40
e) 54   9   81

f) ___   42   7   35
g) 20   30   6
h) 5   20   3
i) 3   12   8
j) 2   6   3

8 bis 10 Die Entfernungen in km ausrechnen. 10 Diff.: Jeweils eine Skizze anfertigen.
11 Mehrere Möglichkeiten.

1

Der Türrahmen ist **2 m 10 cm** hoch.

Höhe des Zimmers

Länge des Zimmers

Messt eure Klasse aus.

Schätzt vorher.

Schreibt die Maße auf.

2 Die Kinder der Klasse 3 b haben ihre Bohnen in den Schulgarten ausgepflanzt. Ordnet nach der Größe.

So hoch sind die Pflanzen der Kinder:

Lia	35 cm	Finn	63 cm
Ben	2 m 10 cm	Leonie	1 m 4 cm
Ole	180 cm	Lilli	1 m 60 cm

3 So hoch können die Pflanzen auf unserem Schulgelände werden:
Moos 3 cm, Pappel 30 m, Löwenzahn 13 cm, Sonnenblume 2 m 10 cm, Distel 1 m 50 cm, Bambus 3 m.
Ordne nach der Größe. Schreibe zuerst die kleinste Pflanze auf.

4 Informiert euch, wie hoch andere Pflanzen werden können.

---

1 m = 100 cm

½ m = 50 cm

5 Rechne um in Zentimeter.

a) 5 m	b) 8 m	c) 1 m 30 cm	d) 2 m 5 cm	e) ½ m
2 m	6 m	1 m 90 cm	5 m 5 cm	2 ½ m
9 m	10 m	1 m 25 cm	1 m 9 cm	5 ½ m

6 Rechne um in Meter.

a) 100 cm	b) 500 cm	c) 150 cm
200 cm	700 cm	350 cm
600 cm	400 cm	50 cm
300 cm	900 cm	950 cm

7 Schreibe als Meter und Zentimeter.

a) 120 cm	b) 285 cm	c) 319 cm
180 cm	385 cm	310 cm
195 cm	598 cm	305 cm
199 cm	209 cm	301 cm

8

Die Kinder der Klasse 3a setzen eine Reihe Tomatenpflanzen.
Das Beet ist 8 m lang. Alle 50 cm steht eine Pflanze.
Am Anfang und am Ende des Beetes bleiben jeweils 50 cm frei.
Wie viele Tomatenpflanzen werden gesetzt?

Zeichne eine Skizze.

9 Erfindet eigene Aufgaben.

3 und 4 Plakate erstellen und vorstellen.
4 Im Internet recherchieren. Evtl. eine Tabelle anlegen.

1

Unser Wohnwagen ist 2 m 10 cm breit.

Passen wir überhaupt da durch?

Das Komma trennt m und cm.

2,25 m = 2 m 25 cm

Sprich: „Zwei Meter fünfundzwanzig"
oder „Zwei Komma zwei fünf Meter"

2 Schreibe als m und cm. Zeichne auf dem Schulhof.

a)	b)	c)	d)	e)	f)
0,50 m	0,75 m	0,95 m	10,00 m	5,35 m	12,05 m
1,00 m	1,05 m	1,95 m	11,50 m	6,05 m	14,35 m
1,50 m	1,35 m	2,95 m	12,00 m	7,60 m	10,05 m
3,00 m	2,35 m	0,05 m	12,25 m	7,75 m	21,55 m
5,50 m	3,35 m	9,95 m	14,75 m	8,55 m	32,45 m

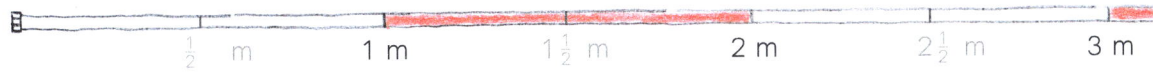

$\frac{1}{2}$ m   1 m $1\frac{1}{2}$ m   2 m $2\frac{1}{2}$ m   3 m

3 Schreibe mit Komma.

a)	b)	c)	d)	e)
$\frac{1}{2}$ m	2 m 50 cm	5 m 3 cm	11 m	$1\frac{1}{2}$ m
$5\frac{1}{2}$ m	1 m 70 cm	6 m 8 cm	5 m 45 cm	$10\frac{1}{2}$ m
6 m	3 m 85 cm	17 m 4 cm	40 cm	$20\frac{1}{2}$ m
$6\frac{1}{2}$ m	10 m 93 cm	25 m 2 cm	8 m 8 cm	$24\frac{1}{2}$ m
$9\frac{1}{2}$ m	17 m 64 cm	43 m 7 cm	12 m 12 cm	100 m

1000 cm = 10,00 m
100 cm = 1,00 m
10 cm = 0,10 m
1 cm = 0,01 m

4 Schreibe mit Komma.
Zeichne ins Heft, an die Tafel oder auf den Schulhof.

a)	b)	c)	d)	e)
5 cm	200 cm	3 cm	8 cm	89 cm
10 cm	250 cm	30 cm	18 cm	380 cm
50 cm	350 cm	13 cm	180 cm	38 cm
100 cm	400 cm	130 cm	280 cm	145 cm

5 Rechne um in cm.

a)	b)	c)	d)	e)
0,50 m	0,02 m	1,40 m	0,10 m	9,95 m
0,98 m	0,06 m	7,55 m	0,05 m	10,00 m
0,65 m	0,08 m	9,24 m	1,11 m	10,23 m
0,73 m	0,09 m	5,01 m	0,01 m	10,55 m
0,81 m	0,07 m	6,09 m	1,04 m	20,02 m

6 a) Anna hat einen Stoffhund. Der Körper und der Schwanz sind zusammen 0,45 m lang.
Der Schwanz ist halb so lang wie der Körper.
Wie lang ist der Schwanz?

zum Knobeln

b) Lisa hat eine Stoffmaus. Der Körper und der Schwanz sind zusammen 0,54 m lang.
Der Schwanz ist doppelt so lang wie der Körper. Wie lang ist der Schwanz?

6 Evtl. erst skizzieren.

Zentimeter und Millimeter

„Zenti"meter bedeutet: der hundertste Teil von einem Meter.

„Milli"meter bedeutet: der tausendste Teil von einem Meter.

1 Vergleiche Zentimeter und Millimeter.

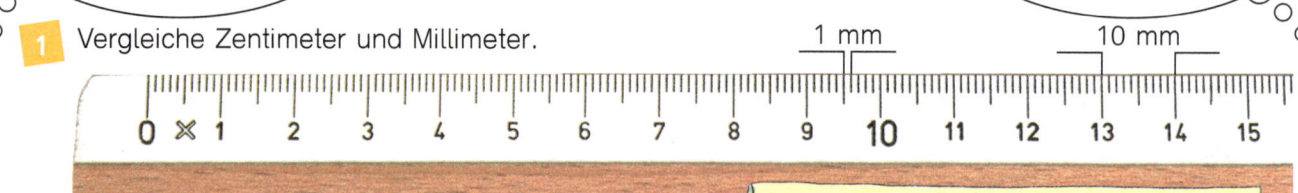

🐬 Wie viel Millimeter hat dein Lineal?

1 Zentimeter = 10 Millimeter
1 cm = 10 mm

2 Zeichne die Strecken. Setze fort.

a) 5 mm 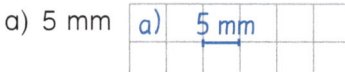 b) 10 mm c) 15 mm d) 20 mm e) 25 mm

3

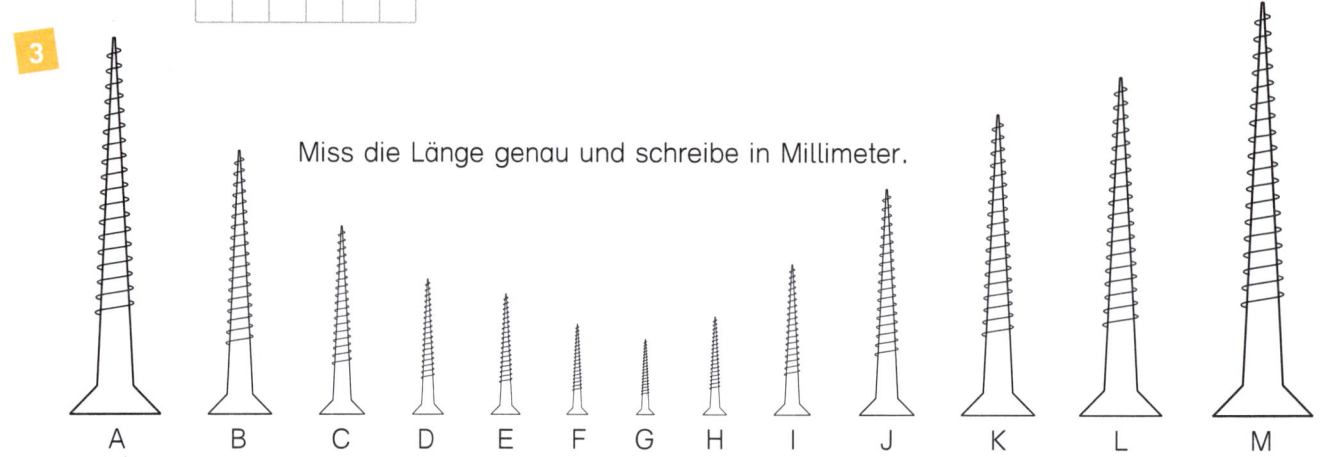

Miss die Länge genau und schreibe in Millimeter.

A   B   C   D   E   F   G   H   I   J   K   L   M

4 Rechne um in cm und mm.

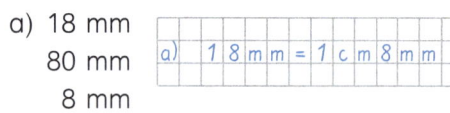

a)	b)	c)	d)	e)
18 mm	100 mm	120 mm	90 mm	75 mm
80 mm	50 mm	12 mm	150 mm	106 mm
8 mm	25 mm	42 mm	23 mm	170 mm

a) 18 mm = 1 cm 8 mm

5 Rechne um in mm.

a)	b)	c)	d)	e)
2 cm	15 cm	5 cm 3 mm	15 cm 8 mm	10 cm 10 mm
4 cm	22 cm	8 cm 7 mm	27 cm 9 mm	12 cm 12 mm
8 cm	58 cm	9 cm 8 mm	41 cm 1 mm	34 cm 27 mm
7 cm	73 cm	7 cm 6 mm	105 cm 5 mm	97 cm 29 mm

6

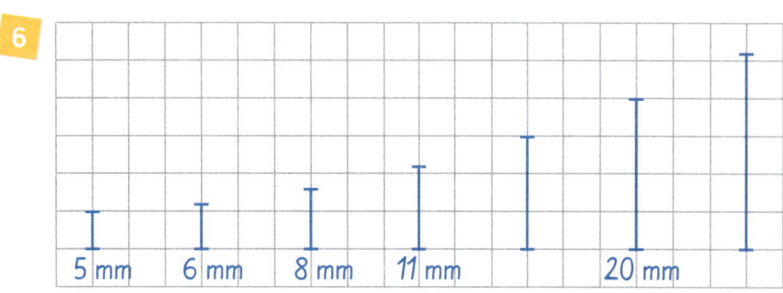

5 mm   6 mm   8 mm   11 mm   20 mm

a) Zeichne die Strecken.
b) Erkennst du die Regel? Beschreibe.
🐬 c) Wie lang ist die 10. Strecke?

7

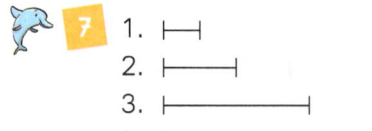

1.
2.
3.
4.

a) Erkennst du die Regel? Beschreibe.
b) Wie lang müsste die 7. Strecke sein?
c) Wie lang müsste die 9. Strecke sein?

1

Der Schulgarten wird eingezäunt.
Er ist 70 m lang und 30 m breit.
Welche Skizze passt?

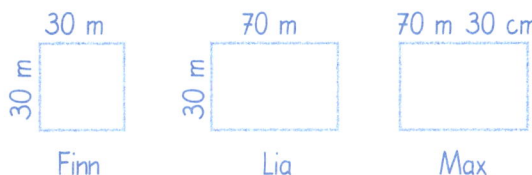

30 m	70 m	70 m 30 cm
30 m	30 m	
Finn	Lia	Max

2 Der Schulgarten der Michaelschule wird neu eingezäunt.
Die Klasse 3c hat die Länge 80 m und die Breite 25 m gemessen.
Der Eingang ist 100 cm breit und bleibt frei.
Wie viel Meter Zaun muss die Schule kaufen?

Eine Skizze kann helfen

3 Ordne nach der Länge.

a)
5 cm   5 mm
0,04 m
4 cm 5 mm   45 m

b)
0,08 m   8 m 8 cm
88 mm
880 m   8,00 m

c)
77 m   777 cm
777 mm
0,07 m   70,00 m

4 Was passt zusammen? Ordne zu und schreibe auf.

A | Länge eines Radweges
B | Länge eines Autos
C | Länge eines Radiergummis
D | Dicke einer Euromünze

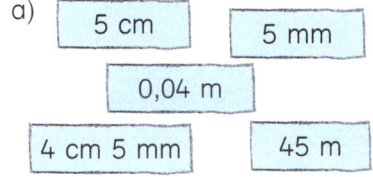 4 m   1 m
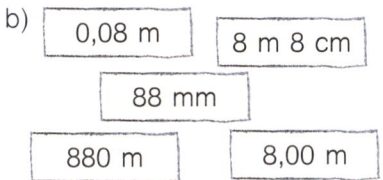 4 km $2\frac{1}{2}$ cm
2 mm   100 m
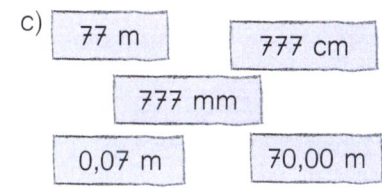 4 cm   10 cm

A 4 km

E | Länge eines Klebestiftes
F | Breite einer Tür
G | Länge eines Anspitzers
H | Länge eines Fußballplatzes

5 a) 50 cm + ___ cm = $\frac{1}{2}$ m
50 cm + ___ cm = 1 m
50 cm + ___ cm = 2 m

b) 150 cm + ___ cm = 2 m
300 cm + ___ cm = 4 m
600 cm + ___ cm = 8 m

c) 25 mm + ___ mm = 3 cm
25 mm + ___ mm = 5 cm
50 mm + ___ mm = 10 cm

6 a) Jan biegt aus einem 30 cm langen Draht ein Rechteck.
Zeichne eine Skizze. Schreibe die Seitenlängen an das Rechteck.

b) Ole biegt aus einem 56 cm langen Draht ein Rechteck.
Schreibe verschiedene Möglichkeiten auf. Zeichne Skizzen.

1 Länge und Breite klären. Diff.: Eigene Aufgaben zum Garten der Schule oder zum eigenen Garten schreiben.
6 a) Viele Lösungen.

1 Rechenkonferenz

3a **Stunden**		
Stunde	Mo	Di
1.	X	X
2.	X	X
Pause		
3.	X	X
4.	X	
Pause		
5.		
6.		

Wie viel **Minuten** Unterricht hat die Klasse 3a am Montag?

Eine Schulstunde dauert 45 Minuten.

Mein Weg:

$$4 \cdot 45$$
$$\overline{4 \cdot 40 = 160}$$
$$4 \cdot 5 = 20$$
$$\overline{4 \cdot 45 = 180}$$

Alex

$$2 \cdot 45 = 90$$
$$4 \cdot 45 = 180$$

Selina

$$4 \cdot 45$$
$$\overline{4 \cdot 50 = 200}$$
$$4 \cdot 5 = 20$$
$$\overline{4 \cdot 45 = 180}$$

Marcel

2 Wie rechnest du? Vergleicht miteinander.

a) 4 · 35   b) 8 · 35   c) 5 · 43   d) 6 · 43   e) 9 · 82

3 Rechne auf deinem Weg. Vergleicht.

starke Päckchen

a) 3 · 64   b) 2 · 49   c) 2 · 37   d) 8 · 52   e) 2 · 125   f) 3 · 160
   6 · 64   4 · 49   3 · 37   4 · 52   4 · 125   6 · 160
   9 · 64   8 · 49   5 · 37   2 · 52   8 · 125   9 · 160
   8 · 64   7 · 49   6 · 37   3 · 52   6 · 125   8 · 160

74 98 100 104 111 156 185 192 196 208 222 250 343 384 392 416 480 500 512 576 750 960 1000 1280 1440

4

3b **Stundenplan**					
Stunde	Mo	Di	Mi	Do	Fr
1.	X	X	X	X	X
2.	X	X	X	X	X
3.	X	X	X	X	X
4.	X	X	X	X	X
5.	X		X	X	X
6.			X		

a) Wie viel Minuten Unterricht hat die Klasse 3b an jedem Tag?

 b) Wie viel Minuten Unterricht erhält die Klasse 3b in der ganzen Woche?

c) In der Nordschule gibt es am Vormittag insgesamt 35 Minuten Hofpause. Wie viel Minuten sind das in der Woche?

5 Die Klasse 3c hat in der Woche 26 Unterrichtsstunden.

a) Wie viel Stunden sind das im Monat?
b) Wie viel Stunden sind das in einem Schuljahr?
c) Im 4. Schuljahr werden es 27 Unterrichtsstunden sein.

Ein Monat hat 4 Wochen.

Ein Schuljahr hat 9 Monate.

6 Wie viel Minuten Unterricht hattest du in der letzten Woche?

7 Setze fort. Erfinde ein eigenes starkes Päckchen.

starke Päckchen

a) 1 · 24   b) 1 · 88   c) 2 · 81   d) 9 · 110   e) 1 · 125   f)
   3 · 24   2 · 44   4 · 81   7 · 111   3 · 125
   5 · 24   4 · 22   6 · 81   5 · 112   5 · 125

1 bis **3** Verschiedene Rechenwege vergleichen.
Rechenstrategien (Verdoppeln, Halbieren, Nachbaraufgaben) besprechen.

1 Wie viele Zimmer müssen bestellt werden?

Mit 96 Kindern fährt die
Burgschule ins Schullandheim.
Immer vier Kinder sollen ein
Zimmer belegen.

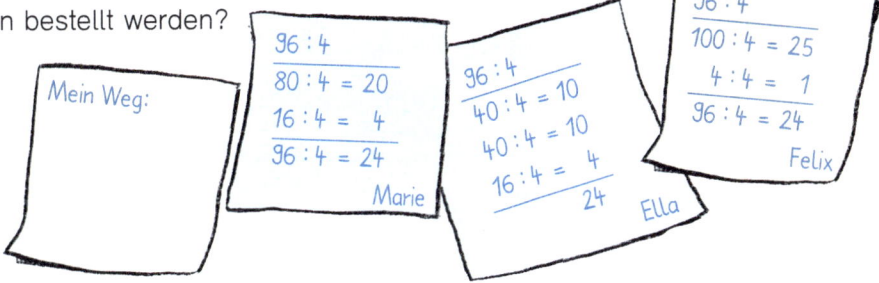

Mein Weg:

96 : 4
80 : 4 = 20
16 : 4 = 4
96 : 4 = 24
Marie

96 : 4
40 : 4 = 10
40 : 4 = 10
16 : 4 = 4
24
Ella

96 : 4
100 : 4 = 25
4 : 4 = 1
96 : 4 = 24
Felix

2 Wie rechnest du? Vergleicht miteinander.

a) 104 : 4   b) 52 : 4   c) 72 : 3   d) 75 : 3   e) 96 : 8

3 Wie rechnest du? Vergleicht miteinander.

a)	b)	c)	d)	e)	f)
88 : 4	84 : 7	95 : 5	560 : 5	153 : 3	196 : 4
92 : 4	84 : 6	100 : 5	672 : 6	172 : 4	186 : 6
48 : 3	96 : 8	110 : 5	784 : 7	198 : 6	195 : 5
45 : 3	96 : 6	120 : 5	896 : 8	145 : 5	219 : 3

12 12 14 15 15 16 16 19 20 22 22 23 24 29 31 33 39 43 49 51 73 112 112 112 112

4 Wie oft im **Monat** müssen die Kinder gefahren werden?

a) Tim hat sich zum Basketballtraining und für die Klavierstunde angemeldet.
Nun muss ihn seine Mutter im neuen Schuljahr
insgesamt 108-mal fahren.

b) Tims großer Bruder muss noch öfter gefahren werden:
144-mal im Schuljahr.

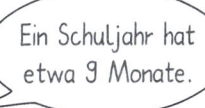

Ein Schuljahr hat
etwa 9 Monate.

c) Zu welchem Hobby musst du gefahren werden?
Wie oft im Monat?

5

a)	b)	c)
57 : 3	76 : 4	114 : 6
87 : 3	116 : 4	174 : 6
117 : 3	156 : 4	234 : 6
147 : 3	196 : 4	294 : 6

d) Welches Päckchen hat Lotta beschrieben?
Ergänze.

„Die erste Zahl wird immer um 40 größer.
Ich teile immer durch dieselbe Zahl.
Deshalb wird das Ergebnis _____."

e) Erfindet ein eigenes Päckchen. Lasst es den Partner beschreiben.

6 Setze fort. Erfinde ein eigenes starkes Päckchen.

a)	b)	c)	d)	e)	f)
68 : 4	132 : 3	150 : 6	147 : 7	117 : 9	248 : 4
76 : 4	141 : 3	162 : 6	168 : 7	135 : 9	
84 : 4	150 : 3	174 : 6	189 : 7	153 : 9	
92 : 4	159 : 3	186 : 6	210 : 7	171 : 9	
100 : 4	168 : 3				

1 Wie viele Bilder sendet Meteosat 8
a) an einem Tag?
b) in einer Woche?
c) in einem Monat (4 Wochen)?

METEOSAT 8
– europäischer Wettersatellit. Vier Bilder in der Stunde.
Eine Erdumkreisung: 1 Tag

2 Der Messsatellit untersucht 84 Tage das Sternbild „Großer Wagen". Wie oft umläuft er dabei die Erde?

Messsatellit
Ein Erdumlauf: 3 Tage
Messaufgaben:
– Strahlung im Weltraum
– Bewegung der Sterne

3 Welche Rechengeschichten passen zu den Aufgaben? Rechnet und antwortet.

a)
$$9 \cdot 24 = \underline{\quad}$$

A Von 24 Wettersatelliten sind schon 9 abgestürzt. Wie viele sind übrig?

B Europa hat 9 Wettersatelliten gestartet, Amerika 24 Wettersatelliten. Wie viele Satelliten sind es zusammen.

C In 9 Tagen wird der Satellit abgeschaltet. Wie viele Stunden kann er noch Bilder senden?

b)
$$198 : 3 = \underline{\quad}$$

A Seit 198 Tagen und 3 Stunden beobachtet der Messsatellit die Sterne.

B 198 Messsatelliten umkreisen die Erde. In zehn Jahren sollen es dreimal so viele sein.

C Der Satellit bewegt sich seit 198 Tagen um die Erde. 3 Tage braucht er für einen Umlauf. Dabei hat er schon viele Umläufe geschafft.

4 Multipliziere im **Kopf.**

a)	b)	c)	d)	e)	f)
3 · 50	4 · 30	5 · 40	6 · 50	7 · 60	9 · 80
3 · 2	4 · 3	5 · 5	6 · 8	7 · 8	9 · 7
3 · 52	4 · 33	5 · 45	6 · 58	7 · 68	9 · 87

5 Dividiere im **Kopf.**

a)	b)	c)	d)	e)	f)
60 : 3	80 : 4	50 : 5	30 : 3	120 : 3	280 : 7
9 : 3	4 : 4	15 : 5	15 : 3	21 : 3	21 : 7
69 : 3	84 : 4	65 : 5	45 : 3	141 : 3	301 : 7

6

a)	b)	c)	d)	e)	f)
3 · 12	6 · 21	2 · 35	3 · 22	7 · 14	4 · 25
4 · 13	4 · 31	2 · 45	6 · 32	7 · 15	6 · 25
5 · 14	8 · 41	2 · 55	9 · 32	7 · 16	8 · 25

36 52 66 70 70 90 98 100 105 110 112 124 125 126 150 192 200 288 328

7

a)	b)	c)	d)	e)	f)
48 : 4	33 : 3	88 : 8	100 : 5	217 : 7	366 : 6
52 : 4	66 : 3	88 : 4	75 : 5	213 : 3	426 : 6
56 : 4	99 : 3	88 : 2	150 : 5	212 : 4	546 : 6

11 11 12 13 14 15 20 22 22 30 31 33 35 44 53 61 71 71 91

3 Entscheiden, begründen, rechnen, antworten. **4** und **5** Diff.: Ähnliche Aufgaben erfinden und weitergeben.
6 und **7** Im Kopf oder halbschriftlich lösen.

1

Auf meiner Geburtstagsfeier gingen wir zur Eisdiele.
Eine Kugel Eis kostete 75 ct.
Jeder durfte sich eine Kugel aussuchen. Wir waren neun Kinder.

Jenni

Wir Ganztagskinder sind jeden Tag acht Stunden in der Schule.
a) Im Juni mussten wir 18 Tage zur Schule. Wie viele Stunden waren das?
b) Im Juli waren wir nur sieben Tage in der Schule. Wie viele Stunden waren es im Juli weniger als im Juni?

Simon

Kakao kostet pro Schulwoche 2 €.
a) Wie teuer ist eigentlich ein Kakao?
b) Milch kostet pro Woche nur 1,80 €. Wie viel ct weniger sind das am Tag?

Robin

Ich habe inzwischen 375 Fußballbilder in fünf Sammelkisten.
Wie viele sind in jeder Kiste?

Arthur

Bei Blumen–Bollmann kostet eine Rose 95 ct. Wenn ich für Mama zum Geburtstag fünf gelbe Rosen kaufe, komme ich dann mit meinen 4,80 € aus?

Lenni

Erfinde eine eigene Rechengeschichte.

2

a)  235 / 47 / 5 · 8 / 40

b) 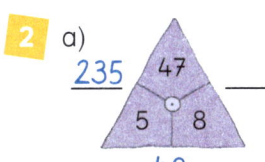 65 / 4 · 9

c) 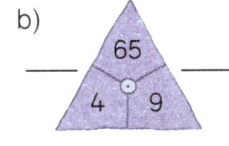 16 / 6 · 7

d) 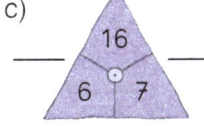 73 / 8 · 9

e) 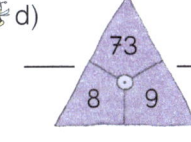 222 / 4 · 4

3

a) 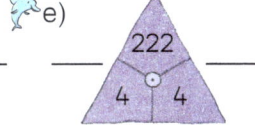 294 / 3 · 7

b) 464 / 5 · 8

c) 108 / 6 · 9

d) 474 / 7 · 6

e) 532 / 3 · 4

4

a) 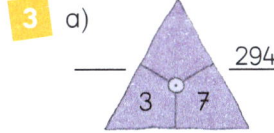 152 / 8 / 24

b) 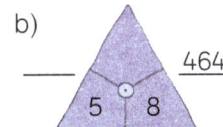 117 / 9 / 63

c) 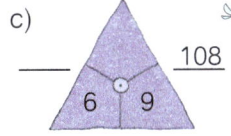 105 / 7 / 35

d) 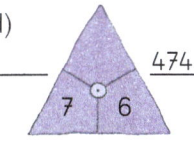 126 / 6 / 24

e) 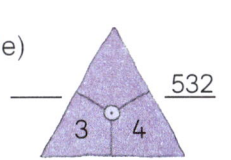 275 / 5 / 15

5   Kann das stimmen?

Erkennt ihr es, ohne zu rechnen?
Erklärt die Fehler.

a)
```
  345
- 567
  222
```

b)
```
  356
- 156
  256
```

c)
```
  777
- 444
  333
```

d)
```
  987
- 987
    1
```

e)
```
  567
- 560
    6
```

W

2 bis 4 Multiplizieren und dividieren, auch halbschriftlich. Kopiervorlage.
5 Eine Aufgabe ist richtig gelöst.

Sind **alle** Spaghetti einer Packung aneinandergelegt länger als 100 Meter?

Gruppenarbeit: Besprecht Ideen, wie ihr eine Lösung finden könnt.

Enrico **Fermi** war ein Physiker. Er war berühmt für sein gutes Abschätzen.

Fermi-Aufgaben enthalten zu wenig Informationen. Diese muss man sich selbst beschaffen, oder man muss schätzen. Unterschiedliche Annahmen führen zu unterschiedlichen Lösungen.

Schreibt eure Lösungswege auf Plakate. Erklärt. Vergleicht.

W

2

a)
Mehrkorn-brötchen	Preis
1	0,40 €
2	
5	
10	

b)
Roggen-brötchen	Preis
1	0,60 €
2	
5	
10	

c)
Sesam-brötchen	Preis
1	
3	0,90 €
6	
12	

d)
Milch-brötchen	Preis
1	
3	1,50 €
6	
12	

3 Rechne um in Zentimeter.

a) 1 m   b) 0,50 m   c) $\frac{1}{2}$ m   d) 7,00 m   e) $10\frac{1}{2}$ m
 3 m   0,05 m $1\frac{1}{2}$ m   0,70 m $11\frac{1}{2}$ m
 5 m   0,70 m $2\frac{1}{2}$ m   0,07 m $20\frac{1}{2}$ m
 10 m   0,07 m $5\frac{1}{2}$ m   1,07 m $22\frac{1}{2}$ m

4 Addiere im Kopf oder halbschriftlich oder schriftlich.

a) 250 + 70   b) 364 + 88   c) 525 + 35   d) 487 + 213   e) 124 + 76
 250 + 75   364 + 457   525 + 75   487 + 596   124 + 250
 250 + 151   364 + 279   525 + 250   487 + 320   124 + 341

5 Ergänze.

a)
1 kg	700 g	750 g	150 g	40 g	45 g

b)
$\frac{1}{2}$ kg	300 g	150 g	450 g	30 g	31 g

1 Offene Sachsituation. Fehlende Daten sammeln oder abschätzen. Material bereithalten.
Auf eigenen Wegen zum ungefähren Ergebnis kommen. Die Wege präsentieren.

Sudoku-Regeln:

> Jede Zahl darf immer
> nur einmal vorkommen:
> – in jeder Zeile
> – in jeder Spalte
> – in jedem Block

In diesem Block fehlt nur eine Zahl.

1 Sudoku mit den Zahlen 1 bis 6.

a)

3		1		2	5
	2			3	4
	5	3		6	
	6		3	5	
5	3	4		1	
2	1		5		3

b)

3	4		6		2
5		2		3	
	2		3		6
6		4		1	
	1		5		4
4		6		2	

2 Sudoku mit den Zahlen 1 bis 9.

In welchem Feld soll ich beginnen?

a)

	5	3				9		7
2				9	6	5		
			3		8	1	4	
3			2		4		1	
	2		1	8				
1	4	8	5		3	2	7	6
4		2		5	1	7		
9			8		5			
		4			1	3	9	

b)

9						7	3	5
5	8	4	2				1	9
1			6	9	8	4		2
2	5			6	4	7		3
4			3	5				8
	6		8					
6			2	8		5		
7	9		6				8	
		4			2	9	6	

3 Welche Rechengeschichte passt? Frage, rechne, antworte.

a) 20 € – 4 € = ___ €

A Opa verteilt 20 Euro an seine 4 Enkel.

B Opa bezahlt mit einem 20-€-Schein. Er erhält 4 € zurück.

C Opa kauft ein Buch für 20 € und Papier für 4 €.

b) 5 · 20 € = ___ €

A Frau Maas kauft 5 Kinokarten für insgesamt 20 Euro.

B 20 Kinder bringen je 5 € für einen Ausflug mit.

C Herr Behr trägt seit 5 Monaten Zeitungen aus. Jeden Monat erhält er 20 €.

4 Subtrahiere im Kopf oder halbschriftlich oder schriftlich.

a)	b)	c)	d)	e)
470 – 35	657 – 107	800 – 250	783 – 440	547 – 240
470 – 350	657 – 288	800 – 278	783 – 567	547 – 179
470 – 286	657 – 350	800 – 390	783 – 203	547 – 307

120 184 216 240 307 307 343 368 369 410 435 500 522 550 550 580

5

a)	b)	c)	d)	e)
4 · 12	6 · 31	2 · 17	4 · 22	5 · 25
3 · 13	7 · 21	8 · 14	9 · 32	4 · 33
5 · 11	9 · 12	6 · 15	7 · 34	3 · 45
2 · 16	8 · 15	4 · 18	6 · 33	7 · 41

32	34	39	48
55	72	88	90
108	112	120	125
132	135	147	186
198	238	287	288
307			

1 und **2** Strategie: In fast vollständigen Spalten oder Zeilen beginnen. Kopiervorlage.

1 Ordnet die Bilder nach Leas Tagesablauf. Notiert die Uhrzeiten. Es entsteht ein Lösungswort.

2 Wie spät ist es?

a)

a) | 0 7 | : | 0 0 | Uhr
oder
1 9 : 0 0 Uhr

b)

c)

d)

e)

f)

g)

h)

i)

j)

k)

3 Wie spät ist es?

a)   b)   c)   d)   e)   f)

4 Kann das stimmen?

a) Auf meiner Uhr ist es 14:63 Uhr.

b) Die Kindersendung „Lilaleo" startet um 23:45 Uhr.

c) Unsere Schule beginnt mit dem Unterricht um 07:55 Uhr.

W

5 a) 180 270 150 300 ●● 30 3

b) 560 350 280 490 ●● 70 7

4 Zwei Aussagen stimmen nicht.

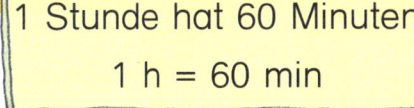

1 Stunde hat 60 Minuten
1 h = 60 min

1 Wie viel Minuten sind seit 10:00 Uhr jeweils vergangen?

$\frac{1}{4}$ h = ___ min $\frac{1}{2}$ h = ___ min $\frac{3}{4}$ h = ___ min   1 h = ___ min

2 Wie viel Zeit ist jeweils vergangen?

a)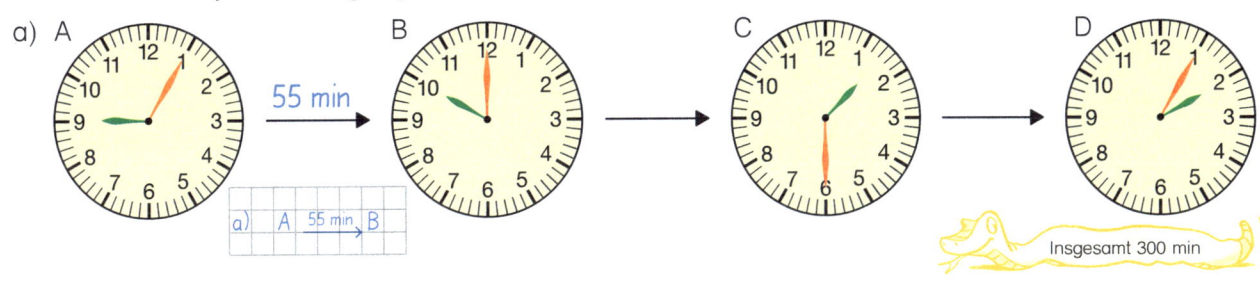

Insgesamt 300 min

b)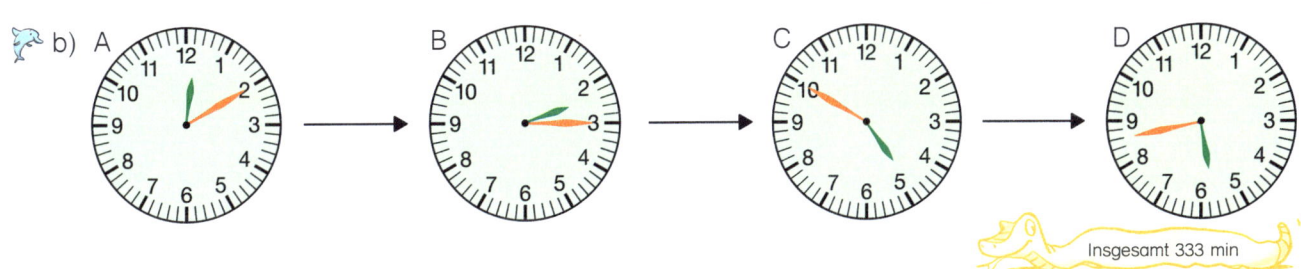

Insgesamt 333 min

3 In wie viel Minuten treffen sich die Kinder?

a)

Es ist jetzt fünf vor drei.

Dann treffen wir uns um viertel nach drei.

b)

Es ist jetzt viertel vor fünf.

Ich komme um halb sechs zu dir.

c)

Es ist jetzt zehn nach zwei.

Du kannst um drei kommen.

d)

Es ist jetzt _____.

Ich komme um _____ zu dir.

4 Wie viel Minuten sind es?

a) 1 h 10 min   b) 1 $\frac{1}{2}$ h
2 h 20 min   2 $\frac{1}{4}$ h
3 h 30 min   3 $\frac{3}{4}$ h
4 h 40 min   4 $\frac{1}{4}$ h
6 h   5 $\frac{1}{2}$ h

5 Wie viel Stunden und Minuten sind es?

a) 135 min   b) 180 min   c) 600 min
90 min   200 min   1200 min
100 min   210 min   1000 min
         250 min   500 min
a) | 1 | 3 | 5 | min | = | 2 | h | 1 | 5 | min   290 min   750 min

3 d) Offene Aufgabe.

1 Die Tabelle zeigt, wie viel Zeit Enno in dieser Woche für seine Hausaufgaben gebraucht hat.

	Beginn	Ende	Dauer
Montag	14:30 Uhr	15:30 Uhr	h
Dienstag	13:20 Uhr	14:15 Uhr	min
Mittwoch	15:15 Uhr	16:05 Uhr	
Donnerstag	13:05 Uhr	14:10 Uhr	
Freitag	–	–	
Samstag	10:25 Uhr	11:10 Uhr	

a) An welchem Tag beginnt Enno am frühesten mit den Hausaufgaben?

b) An welchem Tag beendet Enno seine Hausaufgaben um 16:05 Uhr?

c) An welchen Tagen startet Enno vor 14:00 Uhr mit den Hausaufgaben?

d) Wie lange dauern jeweils die Hausaufgaben?

e) Wie viel Zeit verbringt Enno in der gesamten Woche mit den Hausaufgaben?

f) In der letzten Woche benötigte Enno an zwei Tagen 10 min mehr und an einem Tag 15 min weniger Zeit. Wie viel Zeit brauchte er insgesamt für seine Hausaufgaben?

2 Wie lange sitzt du an deinen Hausaufgaben? Notiere eine Woche lang deine Zeiten in einer Tabelle. Vergleiche in deiner Klasse.

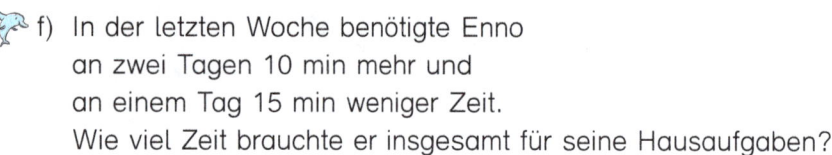

	Beginn	Ende	Dauer
Montag			
Dienstag			

3 Caroline hat ihre Lieblingssendungen notiert.

Sendung	Beginn	Ende	Dauer
Kindernachrichten	18:50 Uhr	19:15 Uhr	
Wissensshow	16:35 Uhr	17:10 Uhr	
Quiz	14:25 Uhr	14:55 Uhr	
Hier kommt Willi	18:25 Uhr	19:15 Uhr	

a) Berechnet jeweils die Dauer.

b) Welche Sendung dauert am längsten?

c) Welche Sendung dauert doppelt so lange wie „Kindernachrichten"?

d) Findet weitere Fragen und beantwortet sie.

4 Notiert in einer Tabelle die Sendungen, die euch interessieren.

Sendung	Beginn	Ende	Dauer

W

5 Rechne auf deinem Weg.

a)	b)	c)	d)	e)	f)
42 : 3	68 : 2	60 : 4	65 : 5	72 : 6	171 : 3
57 : 3	86 : 2	68 : 4	80 : 5	108 : 6	156 : 6
69 : 3	94 : 2	96 : 4	90 : 5	126 : 6	279 : 9
126 : 3	106 : 2	136 : 4	110 : 5	150 : 6	189 : 7
168 : 3	118 : 2	152 : 4	160 : 5	198 : 6	184 : 8

12 13 14 15 16 17 18 18 19 21 22 23 23 24 25 26 27 31 32 33 34 34 38 42 43 47 48 53 56 57 59

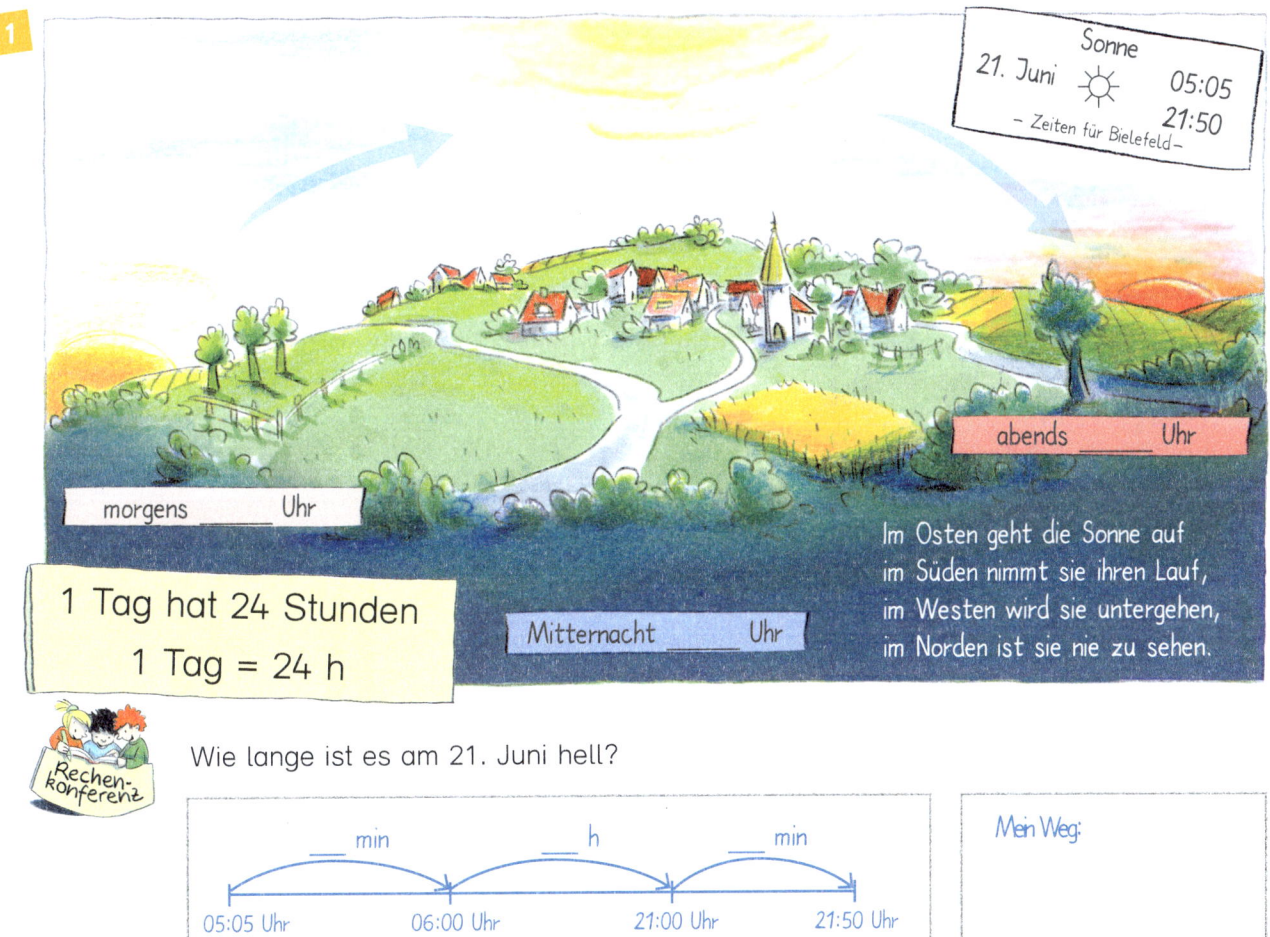

1

Sonne
21. Juni ☼ 05:05
21:50
– Zeiten für Bielefeld –

abends _____ Uhr

morgens _____ Uhr

1 Tag hat 24 Stunden
1 Tag = 24 h

Mitternacht _____ Uhr

Im Osten geht die Sonne auf
im Süden nimmt sie ihren Lauf,
im Westen wird sie untergehen,
im Norden ist sie nie zu sehen.

Rechen-konferenz

Wie lange ist es am 21. Juni hell?

_____ min   _____ h   _____ min

05:05 Uhr   06:00 Uhr   21:00 Uhr   21:50 Uhr

Elif

Mein Weg:

_____ h   _____ min   _____ min

05:05 Uhr   21:05 Uhr   21:10 Uhr   21:50 Uhr

Milan

Vergleicht die Lösungsskizzen.

in Bielefeld (2013)	Sonnenaufgang	Sonnenuntergang
20. Januar	08:23	16:52
20. Februar	07:32	17:48
20. März	06:30	18:38
20. April	06:19 *	20:31 *
20. Mai	05:25 *	21:20 *
21. Juni	05:05 *	21:50 *
20. Juli	05:30 *	21:34 *
20. August	06:17 *	20:40 *
23. September	07:13 *	19:23 *
20. Oktober	07:59 *	18:22 *
20. November	07:54	16:29
22. Dezember	08:32	16:17

* Sommerzeit

2 a) Wie lange ist es an den angegebenen Tagen hell?

b) In welchem Monat ist die kürzeste Nacht und in welchem Monat die längste Nacht?

3 An welchen Tagen ist es ungefähr genauso lange hell wie dunkel?

4 In welchem Monat bist du geboren? Ungefähr wie lange ist es an deinem Geburtstag hell?

1 Das ist der Zugfahrplan von Köln nach Münster.

a) Was bedeuten die Abkürzungen „IC" und „RE"?

b) Wie viel Kilometer sind es von Köln nach Münster?

c) Wann fährt der früheste Zug nach Münster in Köln ab?

d) Wann kommt der IC, der um 07:46 Uhr in Köln startet, in Münster an?

Köln Hbf → Münster (Westf) Hbf
162 km

ab	Zug	an
05 : 11	IC	06 : 53
05 : 46	IC	07 : 28
06 : 20	RE	08 : 19
07 : 11	IC	08 : 53
07 : 21	RE	09 : 23
07 : 46	IC	09 : 28
08 : 11	IC	09 : 53

2 a) Frau Schmitz aus Köln möchte mit ihren Kindern zur Radtour ins Münsterland.
Sie will um 06:20 Uhr starten.
Wie lange dauert die Bahnfahrt nach Münster?
Zeichne diese Skizze. Trage die Daten ein.

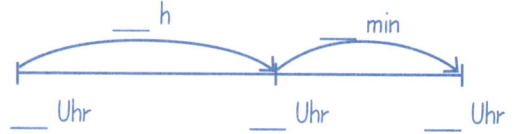

b) Frau Schmitz überlegt, ob sie den IC um 07:11 Uhr nehmen soll.
Wie lange dauert die Bahnfahrt nach Münster? Zeichne eine Skizze.

c) Wie lange brauchen die anderen Züge nach Münster? Zeichne jeweils eine Skizze.

3 a) Frau Schmitz und ihre Kinder haben den IC um 07:11 Uhr genommen.
Der Zug hatte 10 min Verspätung.
Wann kam der Zug in Münster an? Zeichne eine Skizze.

b) Der Zug, der um 05:46 Uhr fahren sollte, hatte bei der Abfahrt 30 min Verspätung.
Wann fuhr der Zug in Köln ab?

4 Welche Rechengeschichte passt zu dieser Skizze? Rechne und antworte.

17:12 Uhr 18:12 Uhr 18:27 Uhr

B Der RE fährt um 17:12 Uhr in Minden ab und kommt um 18:27 Uhr in Hamm an. Wie lange dauert die Fahrt?

A Der IC fährt um 17:12 Uhr in Gütersloh ab und kommt um 18:12 Uhr in Essen an. Wie lange dauert die Fahrt?

C Lisa ist um 17:12 Uhr am Bahnhof. Der Zug fährt mit Verspätung um 18:12 Uhr ab. Wie lange hat Lisa gewartet?

5 Zeichne diese Strecken. Schreibe immer die Länge dazu.

a) 24 mm
2 cm 4 mm

d)

g)

b)

e)

h)

c)

f)

i)

6

Wie lang ist die Strecke Olfen – Münster?

7 Am zweiten Abend in Ahaus rechnet Tobias aus, wie viel Kilometer es noch bis zum Ende der Fahrt sind.

Lösungsskizze: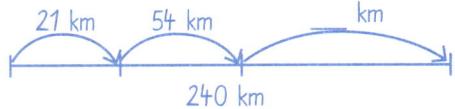

8 In Dorsten möchte Laura wissen, wie weit es noch bis Münster ist. Zeichne eine Lösungsskizze, bevor du rechnest.

9 Am vierten Tag kann Herr Dix nicht mehr auf dem Sattel sitzen. Er radelt nur die Hälfte der Tagesstrecke mit. Wie viel Kilometer fährt er mit dem Bus?

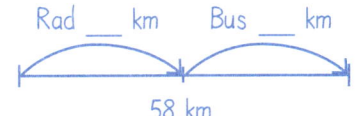

10 Frau Schmitz meint: „Die ganze Strecke hätten wir auch in vier Tagen schaffen können." Wie viel Kilometer wären das an jedem Tag?

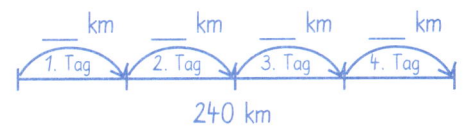

11 Welcher Text passt zu dieser Lösungsskizze?

a)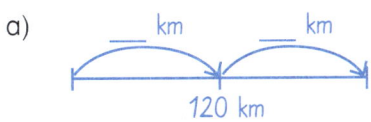

B Frau Weiß fuhr am Montag 120 km mit dem Auto. Am Mittwoch fuhr sie doppelt so viele Kilometer.

A Die Hälfte der Radstrecke ist 120 km lang.

C Frau Blase fährt täglich mit dem Auto von Bielefeld nach Minden. Hin und zurück sind es 120 km.

b) 5 € __ € __ € __ € __ € __ €
40 €

B Oma hat 40 € Taschengeld mitgegeben. 5 € davon gab Laura für eine Hörspielkassette aus. Der Rest soll für 5 Tage eingeteilt werden.

A Jasmin erhält für ihre Reise von Oma 40 € und von Opa 5 €.

C Tobias hat von Oma 40 € mitbekommen. Davon gibt er jeden Tag 5 € aus.

10 Aufgaben variieren. Frau Schmitz hätte in diesem Fall nicht die Möglichkeit, in einem Ort zu übernachten. Sie müsste wohl zelten.

1 A   B

Ein Maßquadrat.

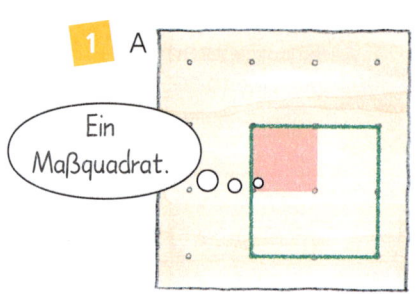
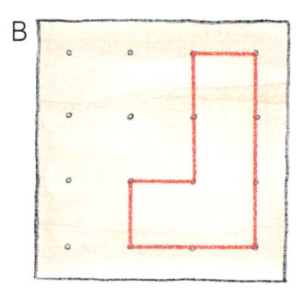

Spannt die Figuren.
Sind sie gleich groß?
Vermutet vorher.
Prüft mit Maßquadraten.

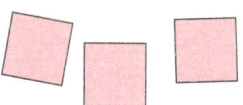

2 Welche Figuren sind gleich groß? Vermutet. Spannt und prüft mit Maßquadraten.

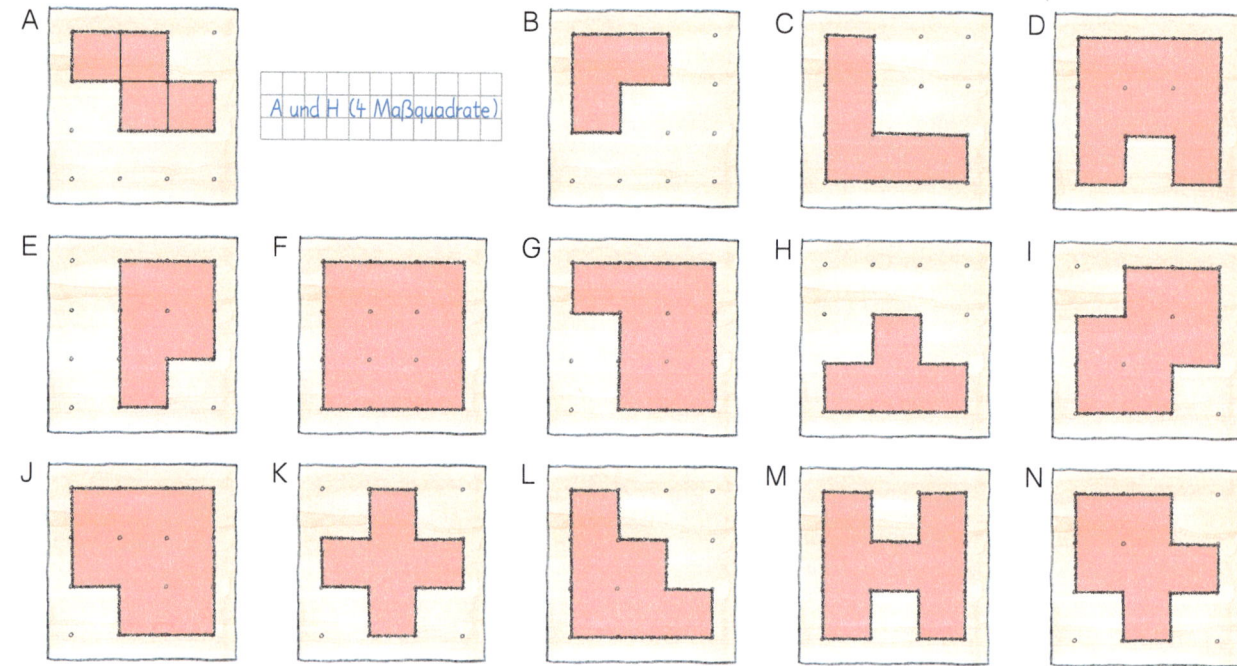

A und H (4 Maßquadrate)

3

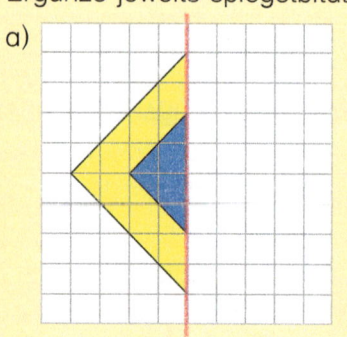

Spannt und zeichnet eigene Figuren.

a) 6 Maßquadrate groß.

b) 7 Maßquadrate groß.

c) 8 Maßquadrate groß.

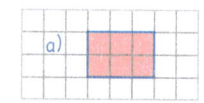

4 Ergänze jeweils spiegelbildlich. Prüfe mit dem Spiegel.

a)

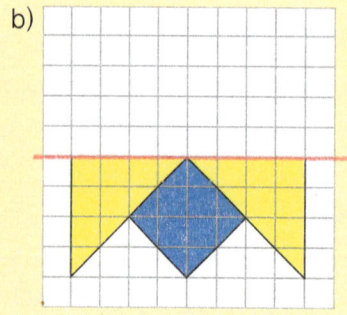

b)

c)

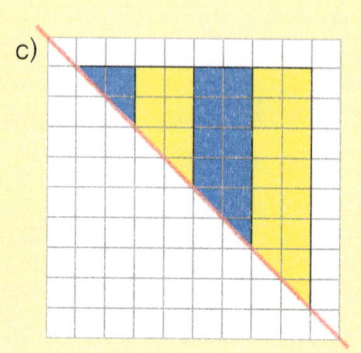

2 Figuren zeichnen. Kopiervorlage.

5

A 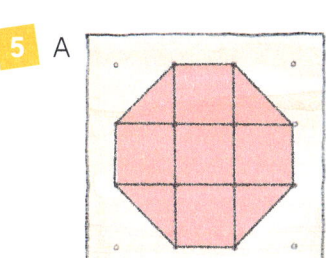　B 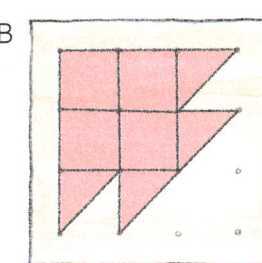　C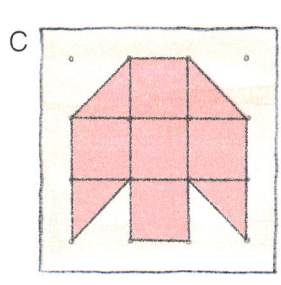

Welche Figuren sind
gleich groß?
Vermutet. Prüft.

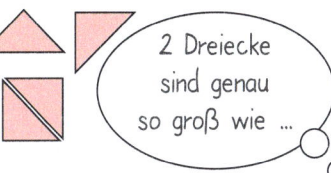

2 Dreiecke
sind genau
so groß wie ...

6 Wie groß sind die Figuren? Spannt und legt mit Maßquadraten und Maßdreiecken. Zeichnet.

A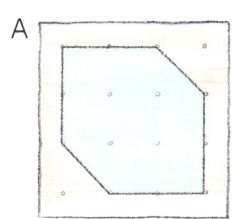

A

insgesamt
8 Quadrate

B 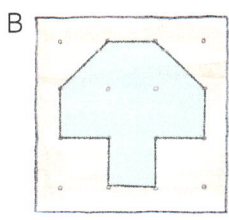　C 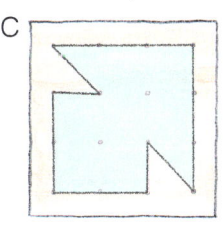　D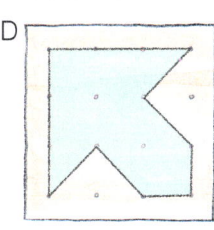

E 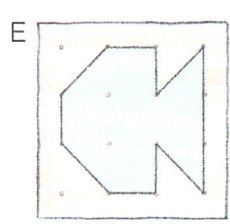　F 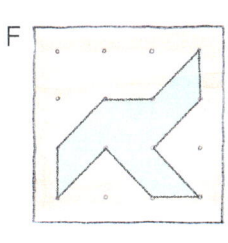　G 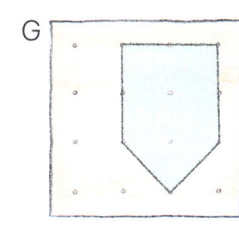　H 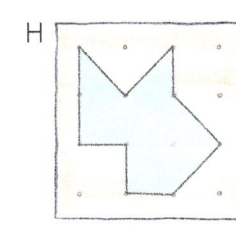　I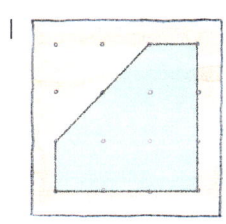

7 Alle Figuren einer Reihe sollen gleich groß sein. Eine passt nicht.

a) A 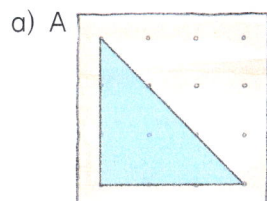　B 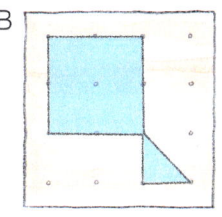　C 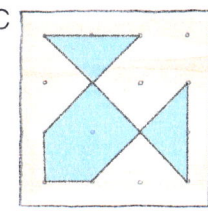　D 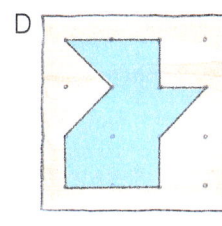　E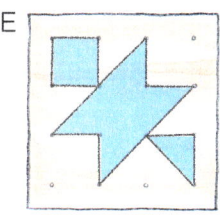

b) A 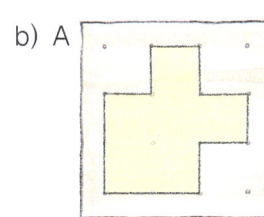　B 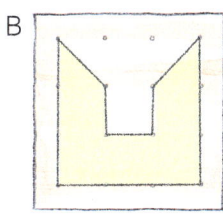　C 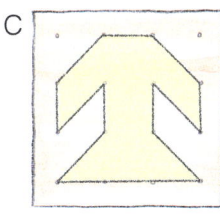　D 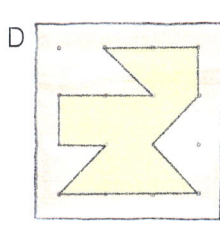　E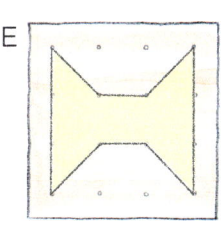

W

8 Wie viel Stunden und Minuten sind es?

a) 145 min　　b) 100 min　　c) $1\frac{1}{2}$ h
　　70 min　　　　240 min　　　$2\frac{1}{2}$ h
　　110 min　　　250 min　　　$3\frac{1}{2}$ h

a) | 1 | 4 | 5 | min | = | 2 | h | 2 | 5 | min |

9 Wie viele Tage sind es?

a)　1 Woche　　　b) 2 Wochen　3 Tage
　　2 Wochen　　　　1 Woche　　3 Tage
　　4 Wochen　　　　3 Wochen　1 Tag
　　10 Wochen　　　 7 Wochen 10 Tage
　　6 Wochen　　　　5 Wochen　5 Tage

10 a)     　b)

48　56　96　　8　4　2　　　　72　90　108　126　　9　6　3

5 und **7** Kopfgeometrie oder spannen und auslegen. **6** Evtl. Kopiervorlage. **10** Dividieren ohne Rest.

1

Verbrauche ich in einem Monat mehr als **1 Meter** Zahnpasta?

Gruppenarbeit: Besprecht Ideen, wie ihr eine Lösung finden könnt.

Ich putze meine Zähne mal am Tag.

cm

Ein Monat hat rund Ta

1 Woche: ind

Schreibt eure Lösungswege auf Plakate. Erklärt sie den anderen Gruppen.

2 Putze ich in einer Woche mehr als **1 Stunde** meine Zähne?

W

3 Ergänze zu einem Kilometer.

a) 850 m
   550 m
   350 m

b) 200 m
   100 m
   400 m

c) 990 m
   870 m
   905 m
   955 m
   959 m

a) 850 m + ___ m = 1 km

4 Ergänze zu einem halben Kilometer.

a) 400 m
   200 m
   100 m
   10 m
   5 m

b) 450 m
   250 m
   150 m
   190 m
   110 m

c) 495 m
   490 m
   180 m
   320 m
   335 m

5 **3 Tage Wandern: 87 km**

Montag 28 km
Neustadt
Mittwoch
Dienstag 33 km

Entscheide, wie du rechnen willst.

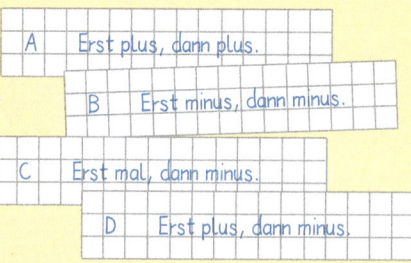

A   Erst plus, dann plus.
B   Erst minus, dann minus.
C   Erst mal, dann minus.
D   Erst plus, dann minus.

Wie viel Kilometer sind am Mittwoch zu wandern?

6 **4 Tage Radtour: 168 km**

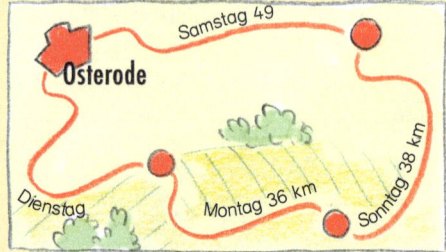

Samstag 49
Osterode
Dienstag
Montag 36 km
Sonntag 38 km

Entscheide, wie du rechnen willst.

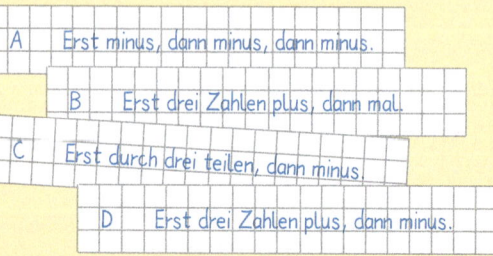

A   Erst minus, dann minus, dann minus.
B   Erst drei Zahlen plus, dann mal.
C   Erst durch drei teilen, dann minus.
D   Erst drei Zahlen plus, dann minus.

Wie viel Kilometer sind am Dienstag zu fahren?

1 und **2** Offene Sachsituation. Fehlende Daten sammeln oder abschätzen. Material bereithalten.
Auf eigenen Wegen zum ungefähren Ergebnis kommen. Präsentieren.
5 und **6** Erst den Rechenweg überlegen, dann rechnen und antworten.

1

Lisa fliegt mit ihrem Vater nach Mallorca. Das Flugzeug startet um 14:15 Uhr.
Der Flug dauert $2\frac{1}{2}$ Stunden.

2

Daniel hat montags von 07:55 Uhr bis 13:05 Uhr Unterricht.
Wie viel Stunden und Minuten ist er in der Schule?

3

Bello wird am Tag dreimal ausgeführt. Jeder Gang dauert 30 Minuten.
Wie lange wird Bello insgesamt in einer Woche ausgeführt?

4

Lina geht mit ihren Eltern ins Kino. Der Eintritt kostet für Erwachsene 8,50 €, Kinder zahlen die Hälfte.
Wie viel kostet der Kinobesuch insgesamt?

5

Herr Grün pflanzt Obstbäume. Der Abstand zwischen dem ersten und dem letzten Baum beträgt 21 m.
Alle 3 m wird ein Baum gepflanzt. Wie viele Bäume benötigt er? Zeichne eine Skizze.

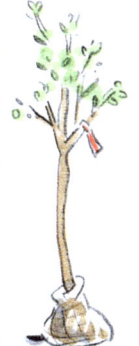

6

Bauer Otto zäunt seine rechteckige Wiese ein. Die Wiese ist 150 m lang und 120 m breit.
Das Tor ist 3 m breit.
Wie viel Meter Zaun braucht er?
Zeichne eine Skizze.

7

Frau Vogel kauft für den Winter drei Beutel mit je zwölf Hirsestangen.
Wie lange kann sie füttern, wenn die Vögel jede Woche vier Hirsestangen vertilgen?

8

Lisa und Lara wiegen zusammen 70 kg.
Lisa wiegt 5 kg mehr als Lara.

9

Tom kauft drei Tennisbälle zu je 5 €, einen Tennisschläger und Turnschuhe.
Er muss 240 Euro bezahlen.
Der Tennisschläger ist doppelt so teuer wie die Schuhe.

10

Anna, Tim und Ali sind zusammen 30 Jahre alt. Ali ist zwei Jahre jünger und Anna fünf Jahre älter als Tim.
Wie alt sind die Kinder?

Eigene Sachaufgabenkartei erstellen.

1 Addieren und Subtrahieren

halbschriftlich

a) 255 + 86

b) 363 − 58

schriftlich

c)
```
  3 4 1
+ 4 7 4
───────
□ □ □
```

d)
```
  4 2 1
+ 2 □ 6
───────
  □ 5 □
```

e)
```
  5 3 9
− 2 4 7
───────
  □ □ □
```

f)
```
  8 7 0
− 5 3 □
───────
  □ □ 8
```

2 Multiplizieren und Dividieren

a) 4 · 57   b) 7 · 43   c) 3 · 85   d) 84 : 7   e) 175 : 5   f) 256 : 4

3 Geld

Ordne nach dem Wert. Beginne mit dem kleinsten Betrag.

a) 45 ct   0,40 €   45 €   4,50 €

b) 4 € 30 ct   4,29 €   399 ct   34 €

4 Längen

Ordne nach der Länge.

a) 555 cm   55 m   5 mm   0,05 m

b) 6 cm   6 mm   2 m   0,04 m   5 m 9 mm

5 Gewichte

< oder = oder >

a) 250 g ◯ ½ kg   b) 550 g ◯ ½ kg   c) 1 kg ◯ 500 g   d) 1 kg ◯ 1000 g

6 Zeit

a) Lenas Klavierunterricht dauert 45 Minuten. Wie spät ist es dann?

b) Davids Training dauert 90 Minuten. Wann ist es zu Ende?

7 Symmetrie

Zeichne Bild und Spiegelbild.

a)    b)    c)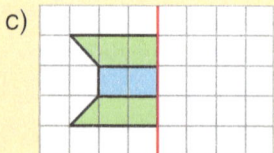

8 Körper

A    B 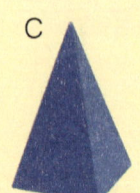   C 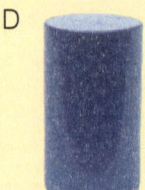   D E    F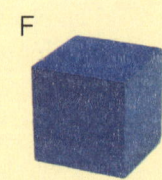

a) Wie heißen die Körper?   b) Wie viele Ecken, Kanten und Flächen haben sie?